The Basic Principles of The National Economy

국민경제의 기본원리

장병익

UUP

국민경제의 기본원리

2010년 7월 7일 초판 인쇄
2010년 7월 14일 초판 발행

지은이 | 장병익
발행인 | 김도연
발행처 | UUP(울산대학교출판부)

출판등록 | 제 370-1996-000001호(1996.3.13)
홈페이지 | http://uup.ulsan.ac.kr
주소 | 680-749 울산광역시 남구 대학로 102(무거동)
울산대학교 출판부
전화 | (052) 259-2488
팩스 | (052) 277-3011

값 9,000원

ISBN 978-89-7868-221-3-93320

* 「이 도서의 국립중앙도서관 출판시도서목록(CIP)은 e-CIP 홈페이지(http://www.nl.go.kr/ecip)에서 이용하실 수 있습니다.(CIP제어번호: CIP2010002443)」
* 잘못된 책은 교환해드립니다.

머리말

경제는 우리들 일상생활과 밀접한 관련을 맺고 있다. 소비자로서 생산자로서 우리들은 매일 경제활동에 참가하면서 언제나 중요한 경제문제에 봉착하게 된다. 즉 우리들 주변의 사소한 문제로부터 실업, 인플레이션, 환율, 주가, 노사문제, 무역마찰 등 수많은 경제문제에 부딪히고 있다. 매일매일 보도되고 있는 경제뉴스 뿐만 아니라 우리들 생활 그 자체가 경제의 일부가 되고 있다.

따라서 많은 사람들이 경제가 중요하다는 말을 하고 있고, 경제를 올바르게 이해하지 않고서는 효율적인 사회생활을 영위할 수 없는 시대에 살고 있다.

그러나 안타깝게도 사람들의 경제에 대한 인식은 뒷걸음치고 있는 것같다. 경제현실을 정확히 이해하기가 어려울 뿐만 아니라 경제학적 논리와 이론이 어렵다는 것이다. 이는 물론 학교에서도 경제에 대한 교육방법 등의 문제도 있겠지만, 학생들 뿐만 아니라 일반인 수준에서 경제를 쉽게 이해할 수 있는 교재가 부족한 탓도 있을 것이다.

그래서 사람들은 실생활과 직결된 경제문제를 쉽게 이해할 수 있는 서적은 없을까 하는 갈증을 갖게 된다.

이 책은 이러한 요구에 부응하고자 가능한 한 일상생활과 관련된 경제현안이나 주요 기초경제이론체계를 쉽게 읽고 이해할 수 있게 쓰여졌다. 대학에서 경제학을 전공하지 않는 사람들도 현실경제의 복잡한 움직임을 정통경제이론에 접목하여 쉽게 파악하고 이해할 수 있게 하자는 것이다. 다시 말해서 이 책은 경제학에서 다루는 핵심경제이론을 현실과 관련하여 간단히 풀어쓰고자 노력하였다. 처음으로 경제를 배우고자 하는 사람이 이러한 기초적인 지식을 습득해 둔다면 현실경제의 움직임과 경제이론과의 관계에 더욱 관심을 가질 것으로 확신한다.

이 책은 한 학기 동안 끝낼 수 있도록 비교적 간단하게 요점 중심으로 서술하였으며, 표와 그림, 수식은 최소화하였다. 그리고 가능한 한 쉬운 말로 본문을 채워 거의 모든 경제문제의 기본적인 이해가 가능하게 하였다.

이 책은 제목 그대로 「국민경제의 기본원리」이지만, 이 책은 일반 시민들의 경제입문서로서 당초의 목적을 달성하는데 대한 평가는 오로지 독자 여러분들의 몫이다. 아무쪼록 이 책을 통하여 독자 여러분들의 일상생활 속에서 조금이라도 경제문제에 대한 지식과 통찰력을 기르고 합리적인 경제행위를 하는데 도움이 되기를 기대할 뿐이다.

그리고 끝으로 이 책의 발간을 흔쾌히 승낙해주신 울산대학교 출판부와 이 책이 완성되기 까지 도움을 주신 경제학과 교수님들께 감사의 뜻을 표한다.

2010년 4월

저자

목차

제1장 국민소득론

1. 경제활동지표: 생산과 소득 지표

1) 국내총생산(GDP)의 기본개념

(1) 국내총생산의 기본 개념

한 나라의 국내경제활동 규모를 측정하는 지표인 국내총생산(GDP: Gross Domestic Product)은 일정 기간(분기 또는 연간) 동안 우리나라 영토 안에서 새로이 생산된 모든 재화와 서비스를 시장가격으로 평가하여 합한 총액이다. 이 정의에서 눈여겨보아야 할 것은 첫째, 국내총생산은 '일정 기간'을 단위로 측정한다는 점이다. 그 기간은 분기일 수도 있고 연간일 수도 있다. 한국은행은 분기별 및 연간 GDP 통계자료를 발표한다.

둘째, '재화와 서비스'란 사람이 살아가는데 필요한 의·식·주 등의 생존적·정신적·문화적 욕구를 충족시키기 위해 생산되는 산출물로 재화는 쌀, 옷, 아파트, 자동차 등 물리적 형태를 가진 생산물을 말하며, 서비스는 운송, 숙박, 금융, 의료, 교육, 문화활동 등과 같이 물리적 형태가 없어 손으로 만질 수 없는 무형(intangible)의 생산물을 의미한다.

셋째, '새로이' 생산한 재화와 서비스란 점이다. '새로이' 생산한 금액은 한 기업에서 만든 재화의 완제품 판매수입에서 원자재를 비롯한 중간재 투입비용을 뺀 나머지를 뜻한다. 원자재 값을 빼는 이유는 이미 다른 기업에서 만들어진 것이기 때문이다. 또 다른 측면에서 보면, 어떤 기업의 생산액은 중간재를 투입해서 그 가치를 증대시킨 것이기도 한데, 그것은 해당 기업이 투입한 생산요소의 대가인 임금이나 이윤 등 비용으로 지출된 몫이기도 하다. 새로이 생산한 금액을 부가가치(value-added)라고도 한다.

가령 컴퓨터 한 대 가격이 100만원이고, 이를 만드는데 원자재를 포함한 중간재 구입비용이 80만원이었다면, 이 기업의 완제품 금액은 100만원, 중간재투입금액은 80만원 그리고 부가가치는 20만원이 된다. 물론 20만원은 기업의 입장에서는 임금비용과 이윤비용을 반영한 것이고, 그것은 곧 임금소득과 이윤소득이 된다.

$$\begin{aligned} \text{부가가치} &= \text{완제품 판매금액} - \text{중간재 투입금액} \\ &= \text{임금소득} + \text{이윤소득} \end{aligned} \qquad (1\text{-}1)$$

넷째, '시장가격으로 평가하여 합산한 것'이란 각 생산물에 당해연도 시장가격을 곱해서 화폐가치 금액으로 환산한 다음 이들 생산액을 합계한다는 의미이다. 그렇게 하는 이유는 국민경제에서 산출되는 생산물의 종류가 다양하고 각각의 물리적 단위 또한 달라 단순 합계가 불가능하기 때문이다. 예를 들어 컴퓨터 1대와 승용차 1대를 단순히 합산할 수는 없다. 그러나 컴퓨터 1대 가격이 100만원이고, 승용차 1대 가격이 2,000만원이라면 컴퓨터 생산액과 자동차 생산액을 합할 수 있다.

다섯째, 국내총생산(GDP)은 '우리나라 영토' 안에서 생산한 재화와 서비스이다. GDP는 경제주체가 우리나라 국민이냐 외국인이냐를 구분하지 않는다. 그러므로 우리나라 사람들이 미국이나 중동 등 외국에 가서 영위한 생산활동으로 벌어들인 임금과 같은 생산요소소득(이를 '해외수취요소소득'이라고 함)은 우리나라 GDP에 포함되지 않는다. 반면에 외국인들이 우리나라에서 생산활동에 참여해서 벌어간 생산요소소득(해외지급요소소득)은 GDP에 포함한다.

여섯째, 주식이나 채권을 매매하는 금융거래는 국내총생산에 포함하지 않는다. 새로운 자산이 생긴 것도 아니고 단순히 채권이나 주식을 현금과 교환 한 것이거나 주인이 바뀐 것에 불과하기 때문이다. 중고품 매매금액도 국내총생산 계산에서 제외된다. 중고품이 원래 생산되었던 해의 국내총생산에 이미 포함되었을 것이고 단순히 주인이 바뀐 것뿐이기 때문이다. 그렇지만 중고품을 매매하더라도 매각하기 전에 부가가치를 더했다면 그 부분만큼은 국내총생산에 포함한다. 예컨대 중고 자동차를 매매하더라도 새로 페인트 칠을 해서 부가가치를 증대시켰다면 그 부분만큼은 생산활동의 결과이기 때문에 GDP에 계상된다. 아울러 중고품 거래소의 직원 봉급 등은 새로이 창출된 중고품 매매서비스에 대한 대가이기 때문에 당해 연도 GDP에 포함된다. 요컨대 전년도에 생산된 중고품 자동차 500만원짜리를 구입해서 페인트칠을 하고 또 판매사원을 고용하여 600만원에 판매했다면 당해 연도 GDP에는 100만원이 계상된다. 물론 그 100만원은 페인트 원자재, 급료, 이윤 등으로 구성된다.

정부가 지급하는 각종 공무원 연금 등 이전지출도 국내총생산에는 포함하지 않는다. 당해 연도의 생산활동에 대한 대가가 아니기 때문이다.

일곱째, 금년에 생산되었지만, 판매되지 않은 상품이라도 금년도 국내총생산에 포함한다. 예를 들어 어느 자동차 회사가 금년도에 100만대를 생산해서 90만대를 판매하고 10만대를 판매하지 못했다면 10만대 분의 재고를 기업이 스스로 구매한 것으로 보아 '재고투자(inventory investment)'라고 지칭하며 금년도 국내총생산에 포함한다. 그래서 국내총생산에 계산하는 투자는 새로이 생산한 생산설비의 구입을 뜻하는 신규투자와 재고투자를 모두 포함한다.

(2) 국내총생산 지표의 유용성

개별 경제주체들은 한 나라 전체의 경제활동 지표인 국내총생산 통계에 근거하여 앞으로 경제활동에 어떻게 참여할 것인가를 결정한다. 즉 경제적 의사결정을 하는데 중요한 길잡이로 이용한다. 기업들은 국내총생산이 급격하게 증가하는 추세를 보이는 통계에 근거하여 자사 제품의 판매를 예측할 수 있고 그에 따라서 판매계획과 생산계획을 세우고 공장의 생산시설을 확장할 것인지 여부를 검토한다. 정부는 이 통계를 기준으로 거두어들인 세금규모를 예측함으로써 세출계획(기간별 배정)을 수정할 수도 있다. 특히 지방자치단체는 지방재정수입규모를 예측할 때 그 지역의 지역국내총생산(regional GDP: RGDP) 지표를 활용할 수 있다.

언론은 이 통계를 이용하여 정부가 경제를 잘 관리하고 있는지를 평가하고, 경제학자들은 이 통계를 이용하여 경제이론의 현실적 타당성을 검증한다. 국내총생산의 변동은 경기변동을 예고하는 지표로도 이용되므로, 증권에 투자하는 사람들은 이 통계를 보고서 앞으로 종합주가지수 향방을 점치기도 한다. 따라서 국내총생산 통계는 모든 사람들이 관심 있게 보아야 할 '써 먹을 곳'이 매우 많은 개념임에는 틀림이 없다.

(3) 국내총생산의 측정

그러면 국내총생산은 어떻게 측정되는가에 대하여 살펴보자. 경제학자들은 두 가지 방법으로 GDP를 계산한다. 하나는 최종재화나 서비스의 시장가치를 사용하는 방법이고, 다른 하나는 생산의 각 단계에서 추가되는 부가가치의 합계를 계산하는 방법이다.

〈표 1-1〉 국내총생산 측정의 예

	생산량	가격(₩)	시장가치(₩)
쌀	300톤	500	150,000
옷	500벌	200	100,000
신발	500켤레	100	50,000
국내총생산(GDP)			300,000

먼저 최종재화나 서비스의 시장가치의 합계를 사용하는 방법에 대해 살펴보자. <표 1-1> 국내총생산 측정의 예에서 나타난 바와 같이 어떤 나라에서 2009년 한 해 동안 쌀 300톤, 옷 500벌, 그리고 신발 500켤레를 생산 했다고 하자. 국내총생산은 이렇게 한 해 동안 생산된 모든 상품을 함께 묶어 총체적 생산수준이라는 의미로 표현한 지표다. 그런데 서로 다른 상품을 하나의 단위로 묶기 위해서는 각 상품의 가격을 곱해 일단 화폐가치로 환산한 다음 서로 더하는 과정이 필요하다.

쌀 1톤의 가격을 500, 옷 한 벌의 가격을 200, 그리고 신발 한 켤레의 가격을 100이라고 하면, 다음과 같은 계산을 통해 이 나라의 2009년도 국내총생산이 300,000이 된다는 것을 알 수 있다.

$$(300*₩500)+(500*₩200)+(500*₩100)=₩300,000 \quad (1\text{-}2)$$

다른 방법으로는 GDP를 생산의 각 단계에서 발생하는 부가가치(value added)의 합계를 계산하는 방법이다. 부가가치는 생산물의 가치와 중간재의 가치와의 차이를 의미한다. 이를 설명하기 위해 어떤 나라가 단지 빵만을 생산하고 있다고 가정하자. 농민들은 17억원어치의 밀을 생산하여 밀가루를 만드는 회사들에게 모두 판매하였다. 그리고 빵을 만드는 회사들은 밀가루 회사들로부터 24억원어치의 밀가루를 구입해 30억원어치의 빵을 생산했다고 하자. 이 경우 GDP는 30억원이 된다.

농민들이 생산한 밀은 밀가루의 생산에 투입되는 중간재이고, 밀가루회사가 생산한 밀가루도 역시 빵을 만드는 중간재이므로 최종재화의 시장가치의 합계만을 계산하는 GDP에서 제외된다. 만약 중간재의 생산을 모두 계산하면 <그림 1-1>에서 보는 바와 같이 중간재의 가치가 이중·삼중으로 계산되기 때문이다.

최종재화의 시장가치는 <그림 1-1>에서 보는 바와 같이 각 생산단계에서 추가로 발생하는 가치의 합과 같은데, 이것이 바로 부가

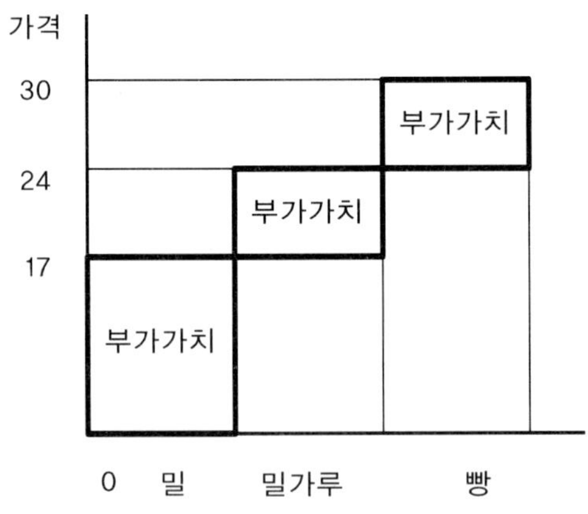

〈그림 1-1〉 생산 단계별 부가가치

가치이다. 앞의 예에서 농민들은 밀을 생산하는 과정에서 17억원의 부가가치를 만들었고 밀가루 회사들은 7억원의 부가가치를 창출하였다. 마찬가지로 빵을 만드는 회사들은 6억원의 가치를 부가하였다. 각 생산단계에서의 부가가치의 합은 30억원으로 최종재화의 시장가치와 정확히 일치한다.

(4) 국내총생산의 측정과 삼면등가의 원칙

GDP는 생산, 지출, 분배의 세 가지 측면에서 측정될 수 있다. 첫째는 앞에서 우리가 살펴 본 바와 같이 생산의 측면에 기초해서 GDP를 측정하는 것인데 이를 생산국민소득이라고 한다. 따라서 경제를 가계, 기업, 정부, 해외의 네 부문으로 구분하면, 생산측면에서의 GDP는 국내의 가계, 기업, 정부 부문에 의해서 생산된 최종재화와 서비스의 시장가치이며, 국내에 있는 외국기업의 생산물도 GDP도 포함된다. 둘째는 지출측면에서 바라 본 GDP를 측정하는 것인데, 이를 지출국민소득이라 한다. 이것은 경제의 각 부문이 재화나 서비스를 구매하기 위하여 지불한 금액으로 GDP를 바라보는 것이다. 최종재화와 서비스에 대하여 각 부문이 지출한 금액의 합계인 총지출의 화폐가치가 총생산의 화폐가치와 같다. 가계의 지출을 소비라 부른다. 가계는 재화와 서비스의 소비를 위해 지출한다. 기업의 지출은 투자라 부른다. 투자는 다른 재화나 서비스를 생산하기 위해 사용되는 자본재에 대한 지출이다. 총지출에는 그 외에도 정부지출과 순수출이 포함된다. 순수출은 수출금액에서 수입금액을 뺀 것이다. 마지막으로 GDP는 경제의 각 부문의 소득의 합계로 계산될 수 있는데, 이를 분배국민소득이라고 한다. 기업은 재화나 서비스를 생산하기 위해 생산요소를 구입한다. 생산요소를 기업에게 제공하고 기업으로부터 벌어들인 소득은 임금, 이자, 지대, 이윤으로 분류된다.

이와 같이 GDP는 여러 가지 방법으로 측정할 수 있는데, 어떤 방법을 쓰던 모두 똑같은 값을 얻게 된다. 다시 말해 생산, 지출, 분배국민소득이 언제나 서로 같은 값을 갖는다는 뜻으로, 이와 같은 항등관계를 가리켜 삼면등가의 원칙이라고 부른다. 이 법칙은 최종재의 가치를 모두 더해 구한 GDP는 언제나 국민이 벌어들인 소득의 합과 같을 뿐만 아니라, 국민이 상품 구입에 지출한 금액의 합과도 같다는 것을 의미한다.

2) 기타 총생산 및 총소득 지표

한 나라의 총생산=총소득을 나타내는 지표로 GDP가 가장 많이 쓰이지만 GDP가 유일한 지표는 아니다. 총생산을 추계하여 기록하는 국민소득계정에는 GDP와 다소 다른 여러 가지 생산·소득 측정지표들도 포함된다. 그 중에서 중요한 몇 가지를 들면 다음과 같다.

(1) 국민총소득(Gross National Income: GNI)

국내총생산(GDP)은 한 나라의 국경 안에서 생산된 것만 포함된다. 즉 외국인이든 내국인이든 국내에서 번 소득은 모두 포함한다. 그러나 내국인이 외국에서 번 돈은 제외된다. 반면 국민총소득(GNI)은 내국민에 의해 국내외를 막론하고 취득한 소득의 합계이다. 외국인에 의해 국내에서 번 돈은 포함되지 않는다. GDP는 국경을 중심으로 하고, GNI는 사람의 국적을 중심으로 계산된다.

가령 필리핀의 근로자가 한국에 입국하여 일을 하고 번 소득은 우리나라 국내에서 취득하였으므로 우리나라 GDP에 포함된다. 그러나 필리핀 근로자는 우리나라 국민이 아니기 때문에 그의 소득은 우리나라 GNI에 포함되지 않는다.

사우디 아라비아와 같이 외국인의 투자가 많이 들어와 있는 나라는 그곳에서 외국인이 취득한 소득이 많기 때문에 GDP > GNI가 된다. 반면에 해외투자가 많은 나라는 외국에서 벌어들이는 소득이 많게 되어 GNI > GDP가 된다. GDP와 GNI는 다음과 같은 관계식으로 표시된다.

$$\begin{aligned} GNI &= GDP + (\text{국외수취요소소득} - \text{국외지급요소소득}) \\ &= GDP + \text{국외순수취요소소득} \end{aligned} \tag{1-3}$$

국내에서 외국인이 생산하여 얻은 소득은 GDP에 포함되지만 GNI에는 포함되지 않으므로 빼 주고 외국인이 본국에 송금하기 때문에 국외지급요소소득이라 한다. 우리나라 국민이 외국에서 번 돈은 GDP에는 포함되지 않지만 우리나라 국민의 소득이기 때문에 국외수취요소소득으로 더해 주어야 한다.

국가간의 투자장벽이 낮아지고 있는 오늘날 GDP가 한 나라의 생산활동을 가장 잘 나타내는 총량지표이다. 반면에 GNI는 한 나라 국민의 소득을 잘 나타내는 총량지표이다. 최근 우리나라는 국내총생산이 국민총소득보다 크다 이는 우리나라 사람들이 해외에서 생산활동으로 번 돈보다 다른 나라 사람들이 우리나라에서 번 돈이 더 많다는 것을 의미한다.

(2)국민총처분가능소득(Gross National Disposable Income: GNDI)

최근 활발한 국제교류를 반영하여 국민총가처분소득 또는 국민총처분가능소득이라는 개념이 사용되고 있다. 국민총처분가능소득은 국민경제 전체가 소비나 저축으로 자유로이 처분할 수 있는 소득이다. 이는 국민총소득에 국외수취경상이전을 더하고 국외지급경상이전을 뺀 것이다. 국외수취경상이전은 교포송금·종교기관 기부금과 같이 생산활동과는 관계없이 외국으로부터 받은 소득이고 국외지급경상이전은 해외기부금·해외이주비와 같이 생산활동과는 관계없이 외국으로 지급하는 소득을 말한다.

국민총처분가능소득(GNDI)
 = 국민총소득(GNI) + (국외수취경상이전-국외지급경상이전)
 = GNI + 국외순수취경상이전 = 총소비 + 총저축 (1-4)

윗식에서 총소비는 민간소비지출과 정부소비지출을 합한 것이고, 총저축은 국민총처분가능소득 중 소비되지 않고 남는 부분이다. 총저축(gross saving)은 국민저축 (national saving)이라고도 불린다. 총소비가 국민총처분가능소득에서 차지하는 비율을 소비율, 비율이 아닌 계수로 표시한 것을 평균소비성향이라 한다.

마찬가지로 총저축이 국민총처분가능소득에서 차지하는 비율을 총저축률, 계수로 표시한 것을 평균저축성향이라고 한다. 소비율과 총저축률을 합치면 100%, 평균소비성향과 평균저축성향을 합치면 1이 된다.

(3) 국민처분가능소득(National Disposable Income: NDI)

국민처분가능소득은 앞에서 정의한 국민총처분가능소득(GNDI)에서 고정자본소모를 뺀 것이다. 총저축에서 고정자본소모를 뺀 것을 순저축 또는 단순히 저축이라고 한다.

국민처분가능소득(NDI)
= 국민총처분가능소득(GNDI) - 고정자본소모
= 총소비 + 총저축 - 고정자본소모 = 총소비 + (순)저축 (1-5)

(4) 국내순생산(Net Domestic Product: NDP)

국내순생산은 국내총생산에서 고정자본소모를 뺀 것이다. 건설물이나 생산자 내구재 같은 자본재는 생산과정에서 마모된다. 생산과정에서 자본재가 마모되는 몫을 고정자본소모라고 하는데, 일정 기간 동안 생산활동의 순효과를 파악하기 위해서는 고정자본소모를 공제해야 한다.

국내순생산(NDP) = GDP - 고정자본소모 = 시장가격국내소득 (1-6)

NDP는 모든 생산과정에서의 부가가치의 합계로서 계산된다. NDP는 생산활동의 순효과를 파악한다는 점에서 GDP보다 더 의미 있는 개념이다. 그런데 각국은 NDP보다 GDP를 더 많이 사용한다. 그 이유는 자본재 마모의 정확한 추계가 현실적으로 어려울 뿐만 아니라 단기적으로는 GDP에서 자본재 마모가 차지하는 비중이 대체로 안정적이어서 단기분석에는 별로 문제가 되지 않기 때문이다. 그러나 장기적으로는 기술혁신 등으로 생산구조가 변하여 자본재 마모가 크게 달라질 가능성이 높다. 따라서 장기분석에는 NDP의 개념이 필요하게 된다.

(5) 국민순소득 (National Net Income: NNI)과 국민소득(National Income: NI)

국내총생산에서 고정자본소모를 뺀 것을 국내순생산이라 하듯이 국민총소득에서 고정자본소모를 뺀 것을 국민순소득이라 한다. 고정자본 소모 몫은 기업이 내부적으로 적립하고 있어 일반국민의 소득이 되지 못한다.

최종생산물이 시장에 나오기까지 여러 단계에서 정부가 소비세와 같은 간접세를 부과함으로써 생산물의 시장가격이 오르기도 하고 생산비의 일부를 보조금으로 지원하여 가격이 낮아지기도 한다. 따라서 국민순소득은 한편으로는 간접세만큼 커지고 다른 한편으로는 정부보조금만큼 작아지게 된다.

따라서 생산활동에 참여하고 받은 순수한 국민소득을 알아보기 위해서는 국민순소득에서 국민이 정부에 낸 간접세를 빼고 기업이 정부로부터 받은 보조금을 더해야 하는데 이렇게 계산한 국민소득을 요소비용국민소득 혹은 줄여서 국민소득이라 한다. 국민소득은 노동의 대가인 피용자보수와 기타 생산요소의 대가인 영업잉여로 구성되어 있다.

국민소득(NI) = 국민순소득(NNI) - (간접세 - 정부의 對기업 보조금)
= NNI - 순간접세 = 피용자보수 + 영업이익
= 요소비용국민소득 (1-7)

요소비용국민소득에서 피용자보수가 차지하는 비율을 노동소득분배율이라고 한다.

(6) 개인본원소득(Personal Primary Income: PI)

개인본원소득이란 생산활동과 관련하여 개인 또는 가계부문 전체가 받는 소득을 말한다. 앞에서 본 국민소득이 모두 개인본원소득이 되지는 않는다. 국민소득 가운데 임금의 일부는 원천공제되어 근로자가 정년퇴직한 후 연금을 받을 수 있도록 고용주가 사회보장부담금으로 정부(연금관리공단)에 납부한다.

기업이윤의 일부는 기업소득세(=법인세)로 정부에 납부하며, 일부는 주식에 대한 배당으로 주주 개인에게 분배되지만, 나머지 기업이윤은 사내에 유보된다. 또 일부는 영업잉여 가운데 법인세·사내유보이윤·정부의 재산소득 등을 빼고 가계부문에 귀속되는 몫을 가계부문의 기업 및 재산소득이라 부른다. 국민소득의 영업잉여 중 가계부문의 기업 및 재산소득만 개인본원소득에 포함된다.

개인본원소득(PI) = 국민소득(NI) - 사회보장부담금 - 법인세 - 사내유보이윤 - 정부의 재산소득
= 피용자보수 + 가계부문의 기업 및 재산소득 (1-8)

(7) 개인처분가능소득(Personal Disposable Income: PDI)

개인처분가능소득이란 개인 또는 가계부문이 실제로 받고 마음대로 처분할 수 있는 소득을 말한다. 개인처분가능소득은 개인본원소득에 개인의 생산활동과 관계없이 정부나 기업, 국외로부터 받은 소득(이전소득)은 더하고 정부나 기업, 국외에 지급한 몫(이전지급)을 뺀 것이다. 개인소득세는 개인의 생산활동과 관계없이 정부에 지급한 소득 몫으로 처리된다. 가계가 생산활동과 관계없이 받은 이전소득과 준 이전지급의 차를 개인의 순이전소득이라 한다. 개인본원소득에 개인의 순이전소득을 더한 것이 개인처분가능소득이다. 이 개인처분가능소득을 가계는 소비하거나 저축한다. 가계가 소비하는 몫이 국내총생산의 구성항목인 민간소비지출이다.

개인처분가능소득(PDI)
= 개인본원소득 + 순이전소득 = 민간소비지출 + 가계저축 (1-9)

3) 실질GDP와 실질GNI 및 GDP디플레이터

(1) 실질GDP

우리가 국내총생산과 같은 거시지표에 관심을 갖는 까닭은 생산활동규모를 파악하기 위해서인 까닭도 있지만, GDP증대가 국민생활수준을 향상시킬 것으로 보기 때문이다. 그런데 국내총생산을 측정할 때 생산된 재화와 서비스를 해당 기간의 시장가격인 화폐가치를 기준으로 산출하다 보니, 비록 생산량은 변함이 없어도 만약 해당 기간 동안 가격이 급등하면 국내총생산 규모는 급증한다. 이 경우 비록 수치상으로는 국내총생산이 증가했어도, 생산량 증가 없이 화폐로 표시한 생산금액만 증가한 것이므로 국민의 생활수준에는 아무런 영향이 없다.

이처럼 화폐로 표시한 국내총생산은 가격변동과 생산량 변동을 동시에 반영하기 때문에 국민생활수준 개선에 실질적으로 기여하는 총생산량의 규모가 얼마나 증가했는지를 나타내는 지표로는 한계가 있다.

그래서 당해 연도(올해)의 가격을 의미하는 경상가격(current price)으로 나타낸 경상가격GDP와, 그 가운데서 가격상승분만큼을 제외한 나머지, 즉 생산량의 증가분만을 반영하는 불변가격(constant price)GDP를 구별할 필요가 있다. 여기서 불변가격GDP란 과거 특정연도를 기준연도로 설정하고, 당해 연도(올해)의 생산량에 기준연도의 가격을 곱해서 계산된 GDP를 뜻하는데, 이는 기준연도로부터 당해 연도까지 가격이 불변했다고 전제하여 계산한 GDP란 뜻이다.

예를 들어 2005년도를 기준연도로 하고 2009년도 불변가격GDP를 계산하려면, 2009년도 생산량에 2005년도 가격을 곱해서 얻는다. 보다 구체적으로 2005년도 경상가격GDP가 전년도에 비해

10% 증가하였고, 물가는 전년도에 비해 3% 상승했다면 불변가격GDP는 7% 증가한다. 때로는 경상가격GDP를 명목(nominal)GDP, 그리고 불변가격GDP를 실질(real)GDP라고 부른다.

(2) 실질GNI

경제활동 규모를 측정하는 중요한 목표 가운데 하나는 국민들이 얼마나 잘 살게 되었는가를 가늠하기 위해서이다. 이를 가리켜 주는 중요한 지표 가운데 하나가 국민총소득(Gross National Income: GNI)이다. 이는 한 나라 국민을 기준으로 생산활동을 통해 벌어들인 소득을 뜻하며, 국민총소득의 증가는 일반적으로 국민들이 보다 많은 상품이나 서비스를 구입할 수 있게 되어 국민생활의 질을 개선하는데 기여하므로 국민후생수준을 향상시킬 것으로 본다.

국민총소득 개념도 경상가격GNI(또는 명목GNI)와 불변가격GNI(또는 실질GNI) 개념을 구별할 필요가 있다. 국민총소득을 계산하는 가장 중요한 이유는 그것이 국민후생수준을 제고시키는 국민전체의 실질구매력을 나타내기 때문이다. 그런데 국제무역을 하는 개방화된 경제에서 국민전체의 구매력은 국내에서 생산된 상품을 구입할 수 있는 구매력뿐만 아니라 수출한 금액으로 해외에서 구입할 수 있는 구매력 즉 수입량의 크기도 반영해야 한다. 비록 지난해에 비해 올해 동일한 금액을 해외에 수출했다고 해도 올해에는 수입품의 가격이 지난해에 비해 급등했다면 수출로 벌어들인 소득의 해외구매력은 감소하므로 국민총소득의 구매력도 감소한다.

예컨대 2005년도를 기준연도라 하고, 이 때 대당 1만 달러에 자동차 10대를 수출한 대금 10만 달러로 대당 10만 달러짜리 공작기계 1대를 수입할 수 있었다고 하자. 그런데 비교연도 또는 당해연도인 2009년에는 우리나라 자동차 수출가격이 대당 1만 달러에서 5천 달러로 하락하였고, 동시에 자동차 수출량은 10대로부터 20대로 증가하였다고 하자.

만약 이것이 그 나라 생산의 전부라면, 자동차 20대를 기준연도 가격 1만 달러로 평가하면 20만 달러가 되어 2009년도 실질GDP는 기준연도에 비해 100% 증가한 것으로 나타난다. 자동차 생산량이 두 배가 증가했기 때문이다. 물론 국내의 실질소득 즉 실질GDI도 100% 증가한 것으로 보여 진다.

그렇지만 2009년도에 자동차 20대를 수출해서 벌어들인 수출금액 10만 달러(=20대× 5천 달러)를 가지고는 여전히 공작기계 1만대를 구입할 수 있을 뿐이어서 실질GDP의 구매력은 기준연도와 동일하다. 즉 구매력을 기준으로 파악하는 국민들이 느끼는 실질소득에는 변함이 없다. 물론 그 원인은 비록 생산해서 수출한 물량은 100% 증가했지만, 수출가격이 50% 하락해서 수입물량이 증가하지 않았기 때문이다.

그래서 수출에서 교역조건 변화에 따른 구매력 변동을 반영해 주어야 정말 국민들이 느끼는 체감소득, 즉 구매력의 변동을 제대로 파악할 수 있다. 이 때 교역조건의 악화로 인해 발생한 10만 달러를 무역 손실이라고 한다. 물론 당해 연도 수출금액 20만 달러에서 무역 손익 10만 달러를 차감해 주면 실질GDI는 기준연도와 동일하게 된다.

그러므로 국민소득의 가장 큰 원천이 되고 있는 국내생산량 지표인 실질GDP를 소득지표인 실질국내총소득(Gross Domestic Income: GDI)으로 변환시키기 위해서는 교역조건의 변동에 따른 실질무역손익을 감안해 주어야 한다.

$$\text{실질GDI} = \text{실질GDP} + \text{교역조건 변화에 따른 실질무역손익} \quad (1\text{-}10)$$

그런데 실질국민총소득(GNI)은 한 나라 국민들이 국내외에서 얻은 총소득을 의미하므로, 실질GDI에 실질해외순수취요소소득을 합쳐서 얻는다.

실질GNI =실질GDI +실질해외수취요소소득-실질해외지급요소소득
= 실질GDP + 교역조건변화에 따른 실질무역손익
+ 실질해외순수취요소소득 (1-11)

이처럼 수출입상품간의 교환비율을 의미하는 교역조건(=수출가격지수/수입가격지수)이 변동하면 생산 및 소비에 영향을 미치게 되고 이는 결국 국민소득수준, 즉 후생수준의 변화를 가져온다. 일반적으로 기준연도와 비교하여 교역조건이 불리해지면 일정량의 상품을 수출하여 수입할 수 있는 상품의 수량이 감소하게 되므로 국민이 소비할 수 있는 재원이 줄어들어 경제적 후생, 즉 실질소득이 감소하게 된다.

따라서 '교역조건 변화에 따른 실질무역 손익'은 국가간 거래에서 교역조건이 변동함에 따라 발생하는 실질소득의 국외유출 또는 국내유입을 의미하며 실질GDP 성장률로 나타나는 경기지표와 실질GNI 증감률로 나타나는 체감경기 사이의 주된 괴리요인으로 작용한다.

(3) GDP 디플레이터

명목GDP와 실질GDP와의 비율을 GDP디플레이터(deflator)라 하며, 그 증가율은 물가상승률 또는 인플레이션의 측정지표로 이용하기도 한다. 그 이유는 명목GDP는 생산량에 물가를 곱해서 얻은 값이기 때문이다.

$$명목GDP = 실질GDP \times 물가지수 \tag{1-12}$$

$$GDP\ 디플레이터 = \frac{명목\ GDP}{실질\ GDP} \tag{1-13}$$

GDP를 추계할 때에는 생산자물가지수(Producer Price Index: PPI)나 소비자물가지수(Consumer Price Index: CPI) 뿐만 아니라 수출입단가지수, 임금, 환율 등 각종 가격지수를 종합적으로 이용하기 때문에 GDP디플레이터는 국민소득에 영향을 주는 모든 물가요인을 포괄하는 종합물가지수로서 마치 GDP라는 국내총생산의 가격수준을 나타낸다고 할 수 있다. 그렇기 때문에 GDP디플레이터는 생산자물가지수나 소비자물가지수와 함께 국민경제 전체의 물가수준을 나타내는 지표로 사용된다.

4) GDP 및 GNI 관련 거시경제지표

국내총생산 또는 국민총소득의 개념은 다양한 거시경제지표를 산출하는데 기반이 되고 있는 매우 유용한 경제변수이다.

(1) 경제성장률

전년도 대비 실질GDP의 증가율을 경제성장률(economic growth rate)이라고 정의하는데, 일정 기간에 한 나라경제가 이룩한 성과를 측정하는 중요한 척도로서 경기 및 생산활동 동향을 나타내는 지표이다. 국민경제가 성장하면 신규 고용이 창출되고, 소득이 증대되는 등 국민의 후생이 증진되기 때문에 경제성장을 통해 개인과 국가의 복리와 안정을 동시에 이룩할 수 있다.

$$경제성장률 = 실질GDP증가율 \tag{1-14}$$

$$\begin{aligned}&금년도\ 경제성장률 \\ &= \frac{금년도실질GDP - 전년도실질GDP}{전년도실질GDP}\end{aligned} \tag{1-15}$$

(2) 1인당 국민총소득

국민들의 평균적 생활수준을 알아보는 지표로서 1인당 국민총소득이 있다. 그런데 각 나라의 GNI는 각 나라의 화폐단위로 표시되어 있어 국제비교가 어렵다. 그래서 이를 국제적으로 공통된 화폐단위, 예를 들어 달러로 표시한다. 그래서 1인당 국민총소득은 명목국민총소득을 환율과 인구로 나누어 계산한다.

$$1인당\ 국민총소득 = \frac{명목국민총소득}{환율 \times 인구} \tag{1-16}$$

(3) 저축률과 투자율

국민총소득(GNI) 가운데 당해 연도에 소비하지 않고 남는 부분을 저축이라고 한다. 따라서 소비와 저축을 합하면 국민총소득이 된다. 또 소비, 저축 및 투자를 국민총소득으로 나누어 얻은 비율을 소비율, 저축률, 투자율이라고 한다.

$$저축률 = \frac{저축}{GNI} \tag{1-17}$$

$$소비율 = \frac{소비}{GNI} \tag{1-18}$$

$$투자율=\frac{투자}{GNI} \tag{1-19}$$

2. 국내총생산과 국민총소득 통계의 한계

1) 생산지표상의 한계

GDP 통계는 한 나라의 경제활동 규모를 측정하는데 가장 많이 활용되는 지표이기는 하지만, 현실적으로 완벽하고 정확하게 경제의 생산활동규모를 측정하지는 못하고 있다. 그 이유를 살펴보자.

(1) 통계상 누락되는 경제활동

국내총생산 통계를 작성할 때, 생산의 범위에서 재화는 판매를 목적으로 하지 않아도 모두 생산의 범위에 포함된다. 따라서 시장에서 거래되는 재화는 물론 생산자가 자신의 최종소비나 투자를 위해 생산한 재화도 생산의 범위에 포함된다.

그러나 서비스의 경우 자신이 아닌 다른 소비자에게 제공하는 모든 서비스는 생산의 범위에 포함하지만, 가계의 가사 및 개인서비스 활동처럼 자신과 자기 가정을 위한 셀프서비스는 생산의 범주에 포함하지 않는다. 그러므로 비록 똑같은 음식의 준비, 아이돌보기, 환자간호 등의 서비스라도 자신에게 스스로 제공한 것은 생산에 포함하지 않아 GDP에 포함되지 않는다.

그렇지만 그것을 타인에게 제공한 경우 생산의 범위에 포함되어 GDP에 포함한다. 따라서 자가소비를 위한 전업주부 등의 가사 및 개인서비스활동은 생산활동의 범위에서 제외하고, GDP에도 제외되고 있다. 그래서 비록 동일한 가사서비스라고 해도 가정주부가 직접하지 않고, 즉 셀프서비스가 아니고 파출부를 고용하여 요리를 시키고 집안을 청소하며 아기를 돌보게 하는 등 시장거래를 통할 때 그 서비스에 대한 대가는 GDP통계에 포함한다.

물론 전업주부의 가사노동 등 자가소비를 위해 생산한 가사서비스를 생산으로 인정하지 않는 것은 그것이 생산활동이 아니어서가 아니라, 시장거래를 통하지 않은 생산이므로 가치를 평가하기 어려운 기술적 한계 때문이다. 또한 그러한 서비스는 보수를 받고 다른 가계를 위해 생산한 경우와는 경제적 가치가 동일하지 않고 생산에 포함할 경우 거의 모든 성인인구가 경제활동인구 및 취업자로 되어 고용통계에도 왜곡을 야기하기 때문이다. 이에 따라 현재 전업주부 등이 생산한 가사서비스를 GDP통계에 반영하는 나라는 없다.

둘째, 지하경제에서 발생하는 경제활동도 국민소득통계에서 누락된다. 지하경제란 불법적으로 거래함으로써, 세금을 납부하지 않는 생산활동을 말한다. 보다 엄밀히 정의하자면 "소득을 신고하지 않거나 과소신고 등 불성실 보고 때문에 정부의 공식추계에 반영되지 않는 국내총생산"을 말한다. 예를 들어 대학교수가 친구기업에 가서 강의를 한 시간 해주고 강사료를 받았는데, 기업이나 자신이 소득신고를 하지 않았다면 지하경제활동이 된다.

셋째, 국민소득통계에서 생산활동이란 노동과 자본 등 생산요소를 사용하여 특정의 재화 및 서비스를 만드는 것을 말한다. 따라서 원칙적으로 법의 준수여부에 상관없이 부가가치를 만들어 내는 활동은 모두 생산활동인 것이다. 그렇지만 불법적 생산활동은 국내총생산 통계에서 제외한다. 정부의 허가를 받아 호텔 카지노에서 도박판을 벌려 판돈을 버는 것과 가정집에서 도박판을 벌려 판돈을 버는 것이 비록 똑같이 도박판을 벌려놓고 도박서비스를 제공하여 얻은 수입이라 하더라도 전자는 국내총생산에 포함하지만, 후자는 포함하지 않는다.

이렇듯 국내총생산 개념이 자의적인 것도 있으며, 누락되는 생산활동도 있다는 것은 국내총생산 통계를 이용할 때 주의를 요한다. 특히 국내총생산을 국가별로 비교한다든가 시계열로 과거와 현재를 비교하는 것은 상당한 한계가 있음을 유념해야 한다. 더구나 총량지표이기 때문에 국내총생산의 구성부문이 어떻게 움직이는가를 보여주지 못하고 있다. 예를 들면 국내총생산이 연간 12% 증가해도, 모든 산업이 12%로 성장했다는 것은 아니고, 그 가운데에는 불황에 직면하는 산업들도 많다는 것을 잊어서는 안 된다.

(2) 통계상 추정되는 경제활동

생산활동 가운데 정확히 그 생산금액을 파악하기 어려운 것이 많은데, 그러한 것은 추정해서 GDP에 포함한다. 추정대상이 되는 경제활동 규모는 첫째, 농어촌에서 자가소비농산물과 어획물의 생산규모이다. 이러한 자가소비 생산량은 시장거래를 통해 소비되지 않기 때문에 그 정확한 규모를 파악할 수 없다. 그래서 평균적으로 농가의 생산량 가운데 10%가 자가소비하는 것으로 조사되었다면 시장에 출하된 생산량을 기준으로 전체농가의 생산량을 추정한다.

둘째, 자기 집에 거주할 때 주거서비스 규모도 추정대상이다. 어떤 사람이 임대주택에 거주하면 임대료를 지급하고, 이것은 건물이 주거서비스를 제공한 대가이기 때문에 GDP통계의 임대서비스 부분에 포함한다. 그러나 자기 집에 살면 자기 자신에게 집세를 내는 사람은 없으므로 시장거래를 통한 임대료 통계에는 누락된다. 그래서 자가 주거서비스에 대한 임대료도 추정하여 GDP 통계에 계상한다.

셋째, 국내총생산은 어느 해 1월 1일부터 12월 31일까지의 생산량을 말하는데, 12월 31일 밤 자정에 이른 순간에도 많은 공장의 조립라인에서 생산은 계속될 것이다. 그래서 자정에 이른 순간에도 많은 반제품들이 생산라인에서 돌아가고 있을 터인데, 국내총생산을 추정하겠다고 전국의 생산라인을 일시적으로 중단시킬 수도 없는 노릇이기 때문에, 자정까지 생산된 반제품의 가치는 추정할 수밖에 없다.

2) 국민후생지표로서의 한계

국민소득의 증대를 국민후생의 증대로 이해하는 것이 한계를 갖는 이유를 GNI통계의 원천이라고 할 수 있는 GDP통계가 갖는 한계를 이용해서 설명하기로 하자.

(1) 여가가치의 누락

국내총생산은 국민후생수준을 결정하는데 커다란 영향을 미칠 것으로 보이는 여가(leisure)에 대해 아무런 가치를 부여하지 않고 있다. 최근 주 5일 근무제가 도입되었으며, 노동자들도 특근수당을 지급한다고 해도 주말노동이나 잔업을 기피하는 현상을 보이고 있다. 그 결과 아무래도 국내생산량 즉 GDP는 감소할 수 있지만, 그렇다고 해서 꼭 국민들의 후생수준이 낮아졌다고는 말하기 어렵다.

(2) 필요악적 생산활동 포함

국내총생산은 없었으면 좋았을 터인데 없어서는 안 될 생산활동, 이른바 필요악적 생산활동도 포함하는데, 그러한 경제활동의 증가는 오히려 국민후생수준을 감소시킨다. 예를 들어 치안상태가 점점 나빠지면, 가정은 방범망의 설치 등 범죄로부터 스스로 보호하기 위해 여러 가지 대비를 할 것이다. 은행은 현금수송을 하는 회사를 만들어 보다 많은 경호원과 통신망 장비를 도입할 것이다. 이 모두가 국내총생산을 증대시키기는 하지만, 그렇다고 해서 치안부재로 각 가정마다 가스총으로 무장하고 무술경호원을 필요로 하는 사회가 될 때보다 행복한 사회가 되었다고 볼 수는 없다.

(3) 부산물의 사회적 비용무시

생산적 경제활동은 사회적으로 바람직하지 않은 부산물(social byproduct) 생산을 수반하는 경우가 많은데, 국내총생산은 이를 무시하고 있다. 예를 들어 자동차를 생산하면 부가가치가 증가해서 GDP는 증가하지만, 그로 인해 공해가 증가하고 교통사고로 매년 1만명 이상이 목숨을 잃거나 불구가 되는데, 그것은 국민후생을 크게 하락시킨다.

(4) 소득분배 상황 간과

일반적으로 국민 개개인의 후생수준은 개별 국민들의 소득수준에 크게 영향을 받는다. 그런데 소득이 지극히 불평등하게 분배되는 경우에는 국내총생산이 증가했다고 해서 개별 국민소득수준이 모두 비슷한 정도로 증가하리라는 보장이 없다. 산유국 카르텔인 OPEC이 인위적으로 유가를 대폭 인상한 이후 중동산유국의 국내총소득을 인구로 나눈 1인당 국민총소득은 매우 높아졌지만, 그렇다고 해서 그 나라 모든 국민들의 생활수준이 높아진 것은 아니다.

(5) 자연환경파괴 간과

현재 추계하고 있는 GDP는 자연환경의 악화 여부를 별로 고려하지 않아 삶의 질을 측정하는 지표로는 한계가 있다. 그 이유는 경제성장에 따른 환경훼손이나 오염증가로 인한 손실은 감안하지 않고 오염된 환경을 복원하는데 소요되는 비용만 경제활동으로 계상하기 때문이다. 그러다 보니 환경을 파괴하는데 따른 비용은 무시되고 파괴된 환경을 개선하는데 소요되는 비용만 '생산'으로 기록되어 환경공해 유발산업의 생산이 증가함에 따라 공해를 방지하기 위한 시설투자 및 환경보전비용의 지출이 증가할수록 GDP는 증가하게 되어 있다.

이토록 지금까지는 공급이 무한대이어서 기업이 아무런 대가 없이 마음대로 사용할 수 있었던 즉 무상재(free goods)였던 깨끗한 물, 맑은 공기와 같은 자연환경을 이제는 하나의 생산자원 즉 경제재(economic goods)로 인식하기 시작하였다. 즉 재화와 서비스의 생산비용으로 자본, 노동 등 전통적인 생산요소 비용뿐만 아니라 자연환경파괴를 또 하나의 생산요소 투입비용으로 인식하기 시작하였다.

그래서 삶의 질과 관련해 과거에는 전혀 화폐적 가치를 고려하지 않고 주어진 것으로 보았던 훼손된 자연환경의 가치를 반영한 진정한 부가가치를 'Green GDP'라 한다. 물론 그린 GDP는 학술용어는 아니다. 현재 국민소득 통계처리과정에서 환경과 관련해서 국제적으로 사용하는 보다 정확한 공식용어는 환경요인 조정 국내순생산(environmentally adjusted NDP: EDP)이다.

결론적으로 국내총생산이 국가후생의 정확한 지표는 되지 못한다. 그렇다고 해서 국민후생수준을 제고시키기 위해 국민총소득의 증대가 필요하다는 것을 경시해서는 안 될 것이다. 다만 한 나라 전체의 국민총소득 증가와 함께 보다 많은 사람들의 생활수준을 개선해야만 국민후생수준도 증가한다는 것을 유념해야 할 것이다.

토빈과 노드하우스는 국민후생수준을 나타내는 지표로 국내총생산 개념에 주부의 가정서비스와 여가의 가치를 더하고 공해비용과 같은 사회적 비용과 경찰서비스 등 필요악적 생산활동을 차감한 이른바 경제후생지표(measure of economic welfare:MEW)를 만들어 냈다. 1929년부터 1965년까지 조사한 미국의 MEW성장률은 1.1%였는데, 이는 같은 기간 미국의 GDP성장률 1.7%에 훨씬 못미치는 수준임을 감안할 때 공해비용의 규모를 대충 짐작할 수 있다.

그러나 경제후생지표에 포함하는 항목들의 가중치 등이 인위적 소지가 많아 널리 활용되지는 못하고 있다. 최근에는 UN을 비롯한 프랑스, 노르웨이, 일본 등이 GDP의 단점을 보완해서 환경자원의 가치변동까지도 계측할 수 있는 새로운 지표를 개발하고 있다.

3. 국민소득의 순환

국민경제의 순환적 성격을 화폐소득과 그 지출이라는 측면에서 살펴 볼 때, 이러한 순환과정을 국민소득의 순환이라고 한다.

1) 단순소득순환모형

국민경제의 순환적 성격을 화폐소득과 그 지출이라는 측면에서 살펴볼 때, 이러한 순환과정을 국민소득 순환이라고 한다. 국민소득의 순환과정을 보다 명확하게 이해하기 위하여 하나의 단순한 모형을 설정해 보자.

가계부문과 기업부문만이 존재하며, 가계저축과 기업저축은 없는 것으로 가정한다. 이러한 단순경제에서 가계는 생산요소를 기업에게 판매하고 소득을 얻으며, 이 소득을 모두 상품구입에 지출하므로 기업의 수입은 가계의 소득과 동일하고, 또한 기업의 모든 수입은 다시 가계소득으로 되돌아온다. 이러한 소득의 순환은 어떤 수준에서건 일단 시작되기만 하면 영원히 같은 수준으로 유지될 것이다.

가계와 기업의 상호거래관계에서 가계는 생산물 시장에서 재화와 서비스를 얻고 기업은 판매수입을 얻는다. 생산요소시장을 통하여 기업은 생산요소를, 가계는 그 대가인 소득을 얻게 된다.

2) 누출과 주입

소득의 순환으로부터 빠져나가는 부분을 누출(leakage)이라고 한다. 누출은 소득순환을 감소시킨다. 누출은 소득의 처분과정에서 그 크기가 결정되므로 대체로 소득의 크기에 의존하는 종속변수이다. 이와 같은 누출에는 저축, 조세, 수입이 있다.

그리고 소득순환의 외부로부터 도입되어 새로운 소득을 창출하는 지출을 주입(injection)이라 한다. 주입은 순환되는 소득의 크기를 증가시킨다. 주입은 누출과는 달리 일반적으로 독립적인 지출이다. 주입은 소득의 크기를 결정하는 독립변수이다. 이와 같은 주입에는 투자, 정부지출 및 수출이 있다.

3) 소득순환의 3부문 모델

소득순환의 3부문 모델은 국민경제에 가계부문, 기업부문, 정부부문만이 있다고 가정하여 국민경제의 순환과정을 살펴보는 것이다. 정부부문은 정부지출(government expenditure)과 조세라는 두 가지 면에서 소득수준에 영향을 미친다. 앞에서 언급한 바와 같이 조세는 저축과 마찬가지로 소득순환으로부터의 누출이며, 정부지출은 소득순환에 대한 주입이다.

3부문 모델에서 누출의 합계는 각종 조세와 가계 및 기업의 저축을 합한 금액이며, 주입의 합계는 정부지출, 이전지출, 투자를 합한 금액이 된다. 만약 누출의 합계가 주입의 합계보다 크다면 순환되는 소득이 크기는 감소할 것이며, 반대로 누출의 합계가 주입의 합계보다 작다면 순환되는 소득의 크기는 증가할 것이다. 그리고 누출의 합계와 주입의 합계가 동일하다면 주어진 수준에서의 소득순환은 변하지 않고 그대로 유지될 것이다. 이 경우 우리는 국민소득이 균형상태에 있다고 말한다.

저축을 S, 투자를 I, 조세를 T, 정부지출을 G로 나타내고, 가계와 기업만 있는 단순한 경제를 가정한다면, 국민소득의 균형조건은

$$S = I \tag{1-20}$$

이다.

여기서 정부부문을 도입하여 가계부문, 기업부문, 정부부문이 포함되는 경제모형을 가정한다면, 그 때의 균형 조건은

$$S + T = I + G \tag{1-21}$$

가 될 것이다. 그러나 이 때 반드시 $S = I$, $T = G$가 성립할 필요는 없다.

4) 소득순환의 4부문 모델

소득순환의 4부문 모델은 가계부문, 기업부문, 정부부문, 해외부문(foreign sector)을 나타낸다. 이 때 수입이라는 누출과 수출이라는

주입이 새로이 추가된다.

수입(import)이 증가하면 그만큼 국내에서 생산되는 재화에 대한 소비 또는 투자지출이 감소하게 된다. 따라서 수입은 국내의 소득순환으로부터 빠져나가는 것을 의미하므로, 국내소득순환으로부터의 누출이 된다.

반면에 수출(export)은 외국의 가계나 기업이 국내에서 생산된 상품을 구매하는 것이므로 국내소득순환에 대한 주입이 된다.

해외부문을 포함한 4부문 모델에서 누출은 저축, 조세, 수입으로 이루어지며, 주입은 투자, 정부지출, 수출로 이루어진다.

여기서 수입을 M, 수출을 X라 하면, 해외부문을 포함하는 확대된 경제모형에서의 소득순환의 균형조건은 다음과 같다.

$$S+T+M=I+G+X \tag{1-22}$$

즉, 누출의 합계와 주인의 합계가 일치할 때 소득순환의 균형이 이루어진다.

4. 케인즈의 승수이론

국민소득의 순환과정에 외부로 부터의 어떤 주입(투자, 정부지출, 수출 등)이 있게 되면, 국민소득은 승수효과(multiplier effect)를 가지고 증가하는 경향이 있는데, 이러한 효과가 발생하는 원인 및 그 효과의 크기를 설명하는 것이 승수이론이다. 승수이론은 케인즈이론에서 가장 핵심적인 부분의 하나인데, 이 이론은 다음과 같은 가정 하에서 성립한다.

첫째, 국민경제에는 잉여생산능력이 있고, 물가수준은 일정하여 명목소득의 증가와 실질소득의 증가는 동일하다.

둘째, 소비곡선이 직선이다. 이것은 한계소비성향이 일정불변이라는 것을 의미한다.

1) 투자승수

투자승수(investment multiplier)라 함은 투자의 증가가 국민소득을 증가시키는 배수를 의미한다. 정부부문도 없고 해외부문도 없는 단순화된 경제모형에서는 균형국민소득은 다음의 두 방정식이 일치하는 수준에서 결정된다. 여기서 Yp는 생산국민소득, Ye는 지출국민소득을 의미한다.

$$Yp=C+S \text{와} \quad Ye=C+I \qquad (1\text{-}23)$$

총공급(Yp)과 총수요(Ye)가 일치(Yp=Ye)할 때의 균형국민소득을 Y라고 표시하자. 그런데 소득이 증가하면 소비도 증가하고 저축도 증가하므로 그것을 각각 증분의 형태로 표시하면,

$$\Delta Y=\Delta C+\Delta S \qquad (1\text{-}24)$$

또는

$$\Delta Y=\Delta C+\Delta I \qquad (1\text{-}25)$$

위식의 양변을 모두 소득의 증분 ΔY로 나누어 정리하면,

$$\frac{\Delta S}{\Delta Y} = 1 - \frac{\Delta C}{\Delta Y} \tag{1-26}$$

또는

$$\frac{\Delta I}{\Delta Y} = 1 - \frac{\Delta C}{\Delta Y} \tag{1-27}$$

(1-27)의 역수를 취하면

$$\frac{\Delta Y}{\Delta I} = \frac{1}{1-\frac{\Delta C}{\Delta Y}} = \mathrm{k} \tag{1-28}$$

좌변은 투자증분에 대한 소득증분의 비율을 나타낸다. 따라서 우변의 크기를 투자승수라 부르고 k로 표시한다. (1-28)식에 (1-26)을 대입하면,

$$\frac{\Delta Y}{\Delta I} = \frac{1}{\frac{\Delta S}{\Delta Y}} = \mathrm{k} \tag{1-29}$$

따라서 투자승수는 (1-28)식으로 표기되기도 하고, (1-29)식으로 표기된다. 여기서 $\Delta C/\Delta Y$는 한계소비성향이고, $\Delta S/\Delta Y$는 한계저축성향이다. 한계소비성향을 c, 한계저축성향을 s라 하면, 투자승수 k는

$$\mathrm{k} = \frac{1}{1-c} \quad \text{또는} \quad \mathrm{k} = \frac{1}{s} \tag{1-30}$$

이다. 그러므로 한계소비성향 또는 한계저축성향이 알려져 있을

때 투자증분(ΔI)만 알면 (1-28)식 및 (1-29)식을 다음과 같이 변형하여 국민소득의 증분을 계산할 수 있다.

$$\Delta Y=\frac{1}{1-\dfrac{\Delta C}{\Delta Y}}\cdot \Delta I \quad \text{또는} \quad \Delta Y=\frac{1}{1-c}\cdot \Delta I \qquad (1\text{-}31)$$

및

$$\Delta Y=\frac{1}{\dfrac{\Delta S}{\Delta Y}}\cdot \Delta I \quad \text{또는} \quad \Delta Y=\frac{1}{s}\cdot \Delta I \qquad (1\text{-}32)$$

예를 들면 한계소비성향이 0.8(따라서 한계저축성향은 0.2)이고, 투자증분(ΔI) 20억원이라면, 이 때 국민소득 증분은 100억원이다.

$$\Delta Y=\frac{1}{1-0.8}\cdot 20=100$$

및

$$\Delta Y=\frac{1}{0.2}\cdot 20=100$$

이상과 같이 투자증분에 대한 소득증분의 비율, 즉 투자승수는 한계소비성향의 크기에 의존한다는 것을 알 수 있다. 한계소비성향이 크면(한계저축성향이 작으면) 투자승수(k)는 크고, 한계소비성향이 작으면(한계저축성향이 크면) 투자승수는 작다.

2) 각종 승수의 유도

균형국민소득의 크기는 총수요의 크기에 의해 결정된다. 따라서

해외부문이 없는 3부문 모형의 경우 균형국민소득은

$$Y=C+I+G \tag{1-33}$$

해외부문이 있는 4부문 모형의 경우 균형국민소득은

$$Y=C+I+G+X-M \quad (\text{X는 수출, M은 수입을 의미함}) \tag{1-34}$$

그런데 현실적으로 소비는 개인의 가처분소득에서 이루어진다. 그러므로 소비지출은 소득이 없을 때도 생활의 유지상 필요로 하는 기초소비 Co와 가처분소득에 한계소비성향을 곱한 cYd의 합계와 같다고 할 수 있다. 따라서 소비함수는

$$C=Co+cYd \tag{1-35}$$

그런데 가처분소득 Yd는 국민소득 Y에서 조세 Tx를 빼고 이전소득 Tr을 더한 금액이다. 따라서 소비함수는

$$C=Co+c(Y-Tx+Tr) \tag{1-36}$$

(1-36)식을 (1-33)식에 대입하여 정리하면,

$$Y= Co+c(Y-Tx+Tr)+I+G \tag{1-37}$$

$$Y=\frac{1}{1-c}(Co-cTx+cTr+I+G) \tag{1-38}$$

(1-38)식이 균형국민소득수준이다. 이 식에서 각종 승수를 유도할 수 있다. 가령 독립투자가 ΔI만큼 증가한데 대한 국민소득의 증분 ΔY의 비율을 표시하는 투자승수는 다음과 같이 유도된다.

투자가 ΔI만큼 증가하면 소득도 ΔY만큼 증가한다고 생각할 수 있으므로 방정식의 좌우에 각각 ΔY와 ΔI를 추가해서 정리하면

$$Y+\Delta Y=\frac{1}{1-c}(Co-cTx+cTr+I+\Delta I+G)$$

$$\Delta Y=\frac{1}{1-c}\cdot\Delta I+\frac{1}{1-c}(Co-cTx+cTr+I+G)-Y$$

$$\Delta Y=\frac{1}{1-c}\cdot\Delta I \tag{1-39}$$

따라서 투자승수는

$$\frac{\Delta Y}{\Delta I}=\frac{1}{1-c}$$

다음에는 정부지출승수를 유도해 보자. 정부지출을 ΔG만큼 증대시키면 소득도 ΔY만큼 증대한다고 생각할 수 있으므로

$$Y+\Delta Y=\frac{1}{1-c}(Co-cTx+cTr+I+G+\Delta G)$$

$$\frac{\Delta Y}{\Delta G}=\frac{1}{1-c} \tag{1-40}$$

위와 같은 방법으로 계산한 각종 승수는 다음과 같다.

$$투자승수 = \frac{1}{1-c} \text{ 또는 } \frac{1}{s} \tag{1-41}$$

$$정부지출승수 = \frac{1}{1-c} \text{ 또는 } \frac{1}{s} \tag{1-42}$$

$$조세승수 = \frac{-c}{1-c} \text{ 또는 } \frac{-c}{s} \tag{1-43}$$

$$이전지출승수 = \frac{c}{1-c} \text{ 또는 } \frac{c}{s} \tag{1-44}$$

여기서 c는 한계소비성향이고, s는 한계저축성향이다. 정부지출은 국민소득을 증가시키는데 반해, 조세는 국민소득을 감소시킨다. 그런데 정부지출자금을 전액 조세수입으로 충당하는 균형예산을 취한다 하더라도 국민소득을 증가시키는 승수효과가 발생한다.

조세수입 증가액 ΔT와 정부지출증가액 ΔG가 모두 ΔA(=ΔT=ΔG)인 균형예산이 이루어지고 있다면 소득증대 ΔY는

$$\Delta Y = \frac{1}{1-c}\Delta G + \frac{-c}{1-c}\Delta T = \frac{1}{1-c}\Delta A + \frac{-c}{1-c}\Delta A = \Delta A \tag{1-45}$$

즉 $\Delta Y = \Delta A$ 또는 $\frac{\Delta Y}{\Delta A} = 1$ (균형예산승수)

그러므로 균형예산승수는 1이라고 말할 수 있다. 즉 조세수입을 1천억원 증대시켜 정부지출을 1천억원 증대시키면, 국민소득이 1천억원 증대한다는 것을 의미한다.

다음에는 해외부문이 있는 4부문 모형의 승수효과에 대해 알아

보자. 일반적으로 수출은 해외의 수입수요에 의해 이루어지기 때문에 국내경제로서는 외생적인 요인이다. 그러나 일반적으로 수입은 국민소득이 증가하면 비례적으로 증가한다. 왜냐하면 국민소득이 증가되기 위해서는 생산의 증가가 있어야 하고, 생산의 증가가 있기 위해서는 해외로부터 원자재 수입이 있어야 하기 때문이다. 따라서 수입은 내생적이다. 그러므로 수입은 국민소득의 함수로 표시되나, 수출은 그렇지 않다. 따라서 한계수입성향을 m이라 하면 수입(M)은

$$M=mY \qquad (1\text{-}46)$$

(1-37)식에 수출(X)과 수입(M=mY)을 대입하면

$$Y= Co+c(Y-Tx+Tr)+I+G+X-mY \qquad (1\text{-}47)$$

이 식을 정리하면.

$$Y=\frac{1}{1-c+m}(Co-CTx+cTr+I+G+X) \qquad (1\text{-}48)$$

가령 조세가 ΔTx만큼 감소(증가)한다면 소득은 ΔY만큼 증가(감소)한다고 생각할 수 있으므로 (1-48)식의 좌우에 각각 ΔY와 ΔTx를 추가해서 정리하면 조세승수가 계산된다.

$$Y+\Delta Y=\frac{1}{1-c+m}(Co-cTx-\Delta cTx+cTr+I+G+X) \qquad (1\text{-}49)$$

$$\Delta Y = \frac{-c}{1-c+m} \cdot \Delta Tx \quad \text{그러므로} \quad \frac{\Delta Y}{\Delta Tx} = \frac{-c}{1-c+m} \tag{1-50}$$

이와 같이 하여 (1-48)식에서 개방경제하의 각종 승수를 계산할 수 있다.

$$\text{투자승수} = \frac{1}{1-c+m} \quad \text{또는} \quad \frac{1}{s+m} \tag{1-51}$$

$$\text{정부지출승수} = \frac{1}{1-c+m} \quad \text{또는} \quad \frac{1}{s+m} \tag{1-52}$$

$$\text{수출승수} = \frac{1}{1-c+m} \quad \text{또는} \quad \frac{1}{s+m} \tag{1-53}$$

$$\text{조세승수} = \frac{-c}{1-c+m} \quad \text{또는} \quad \frac{-c}{s+m} \tag{1-54}$$

$$\text{이전지출승수} = \frac{c}{1-c+m} \quad \text{또는} \quad \frac{c}{s+m} \tag{1-55}$$

이상에서 폐쇄경제하의 각종 승수와 개방경제하의 각종 승수를 계산하였다. 이 두 가지 승수를 비교하면 개방경제하에서는 한계수입성향 때문에 각종 승수가 폐쇄경제하의 각종 승수에 비해 작다는 것을 알 수 있다. 이상에서 본 승수는 비례세가 없는 조세를 가정하였다. 그러나 다음 절에서는 비례세를 고려한 승수이론을 전개해 보기로 한다.

3) 재정정책 모델

케인즈파(Keynesian)를 재정주의자(fiscalists) 또는 개입주의자(activists)

라고 부르고, 케인즈경제학을 불황의 경제학이라고 부른다. 1930년대의 대불황기의 경제를 관찰하고 「일반이론」을 집필하였기 때문에 불황을 극복하고 실업을 해소하는 방법에 관한 고찰이 큰 비중을 차지하게 되었다.

그러므로 케인즈 경제학에서는 정부가 경제에 적극적으로 개입해서 불황을 타개하고 실업을 해소하는 것이 정부의 임무로 인식되었다. 그래서 경제정책을 위한 이론구성이 케인즈경제학의 중요부분이 되고 있다. 해외부문이 없는 폐쇄경제를 가정할 때 균형국민소득은 다음과 같다.

$$Y=C+I+G \tag{1-56}$$

그런데 현실적으로 소비 C는 가처분소득 Yd에서 이루어지므로 기초소비를 Co라고 할 때 소비함수는 다음과 같다.

$$C=Co+cYd \tag{1-57}$$

그런데 가처분소득 Yd는 국민소득 Y에 조세 Tx를 빼고 이전지출 Tr을 더한 금액이다. 그러므로 소비함수는

$$C = Co+c(Y-Tx+Tr) \tag{1-58}$$

조세 Tx도 재산세, 주민세 등과 같은 정액세 To와 소득수준에 비례하는 비례세로 구성되어 있다. 한계세율을 t라고 하면, 비례세는 tY로 표시된다. 그러므로

$$Tx = To+tY \tag{1-59}$$

(1-59)식을 (1-58)식에 대입하면

$$C = Co + c(Y - To - tY + Tr) \qquad (1\text{-}60)$$

(1-60)식을 (1-56)식에 대입하면

$$Y = Co + c(Y - To - tY + Tr) + I + G \qquad (1\text{-}61)$$

$$Y - cY + ctY = Co - cTo + cTr + I + G \qquad (1\text{-}62)$$

$$Y = \frac{1}{1-c+ct}(Co - cTo + cTr + I + G) \qquad (1\text{-}63)$$

$$Y = \underset{\text{(민간부문)}}{\frac{1}{1-c+ct}(Co+I)} + \underset{\text{(재정부문)}}{\frac{1}{1-c+ct}(C - cTo + cTr)} \qquad (1\text{-}64)$$

(1-64)식이 초보적인 경제정책 모델인데, 여기서는 투자승수, 정부지출승수 등이 $\frac{1}{1-c+ct}$이다.

(1-64)식에서 알 수 있는 바와 같이 민간부문의 투자가 ΔI만큼 증가하면 국민소득은 그 승수 배만큼 커진다. 즉

$$\Delta Y = \frac{1}{1-c+ct} \cdot \Delta I \qquad (1\text{-}65)$$

기초소비의 증가(ΔCo)나 정부지출의 증가(ΔG)도 투자와 같은 승수를 가진다. 그런데 조세(Tx)의 승수는 $\frac{-c}{1-c+ct}$이고, 이전지

출(Tr)의 승수는 $\frac{c}{1-c+ct}$ 이다.

그런데 민간투자는 경기전망에 따라 격심하게 증감하는 경향이 있어서 경기변동을 야기시킨다. 그러므로 케인즈파는 민간부문에 의해 발생한 격심한 경기진폭을 완화하고 나아가서 경제의 안정적인 발전을 도모하기 위해 정부가 재정부문을 활용하여 적극적으로 경기진폭을 완화하는 微調整(fine tuning)을 해야 한다는 것이다.

즉 민간부문의 투자(I)가 감소하면 정부는 정부지출(G)을 증가시키고, 민간투자가 과도하면 조세징수(Tx)를 늘린다든가 정부지출(G)을 줄여서 유효수요를 적절히 조절해야 한다는 것이다. (1-64)식에서 그러한 사실을 잘 알 수 있다.

만약 해외부문을 고려한 경제정책모델을 구성하고자 하면 수출(X)과 수입(M)을 추가해야 한다. 해외부문의 추가되었을 때 국민소득창출방정식은

$$Y=C+I+G+(X-M) \tag{1-66}$$

그런데 한 국민경제의 수입(M)은 우리나라의 원유수입과 같이 필수적인 기초수입(Mo)이 있고, 또 소득증가에 따라 비례적으로 증가하는 비례수입이 있을 것이다. 따라서 한계수입성향을 m이라고 하면 수입함수는

$$M=Mo+mY \tag{1-67}$$

와 같다.

소비함수 C=Co+cYd=Co+c(Y-To-tY+Tr)와 수입함수 M=Mo+mY를

(1-66)식에 대입하여 정리하면

$$Y= Co+c(Y-To-tY+Tr)+I+G+X-Mo-mY \tag{1-68}$$

$$Y- cY+ctY+mY=Co-cTo+cTr+I+G+X-Mo \tag{1-69}$$

$$Y=\underset{\text{(민간부문)}}{\frac{1}{1-c+ct+m}(Co+I)}+\underset{\text{(재정부문)}}{\frac{1}{1-c+ct+m}(G-cTo+cTr)}$$

$$+\underset{\text{(해외부문)}}{\frac{1}{1-c+ct+m}(X-Mo)} \tag{1-70}$$

(1-70)식이 일반화된 경제정책 모델이다. 이 모델에서 각종 경제정책효과를 계산할 수 있고, 따라서 경기진폭의 微調整을 위한 이론적 근거를 찾아볼 수 있다.

제2장 화폐금융론

1. 화폐의 기능

1) 화폐와 경제

경제생활에 있어서 화폐는 필수불가결한 역할을 담당하고 있다. 화폐가 없는 현대경제는 상상조차 할 수 없다. 현대 경제사회에서 모든 경제행위가 화폐형태로 표시된 구매력의 지배를 통해서 이루어지고 있다.

현대의 시장경제체제하에서는 모든 경제행위가 화폐로서 표현되는 가격을 기준으로 하여 이루어지고 있어서 화폐는 경제순환의 윤활유가 되어 모든 경제활동을 활발하게 촉진하고 있다. 화폐는 또한 단순한 윤활유에 그치지 않고 실물경제에 적극적인 작용을 하여 경제 내부에 커다란 변동을 가져 올 수도 있다.

고전학파 경제학자들은 화폐가 실물경제를 덮고 있는 베일(veil)에 지나지 않는다고 보았지만, 현대경제학에서는 화폐가 인플레이션(inflation)이나 디플레이션(deflation)의 중요한 원인일 뿐 아니라 경제사회에 커다란 작용을 하고 있는 것으로 인정하고 있다.

2) 화폐의 기능

경제학에서 화폐(money)를 어떻게 정의하고 화폐의 본질을 어떻게 보느냐 하는데 대해서는 통일된 정설이 없다. 「화폐는 화폐가 하는 일 그 자체이다」(Money is what money does)라는 말이 있을 정도이다. 따라서 화폐의 기능을 먼저 정의하고 그 기능을 수행하는 것을 화폐라고 정의하는 것이 경제학의 관행이다. 화폐는 다음 4가지 기능을 수행한다.

첫째, 화폐는 일반적인 교환의 매개수단(general medium of exchange)으로서의 기능을 수행한다. 화폐가 없었던 원시사회에서의 교환은 상품과 상품을 맞바꾸는 직접교환, 즉 물물교환(barter)이었다. 물물교환이 지니는 가장 어려운 문제는 교환에 참여하는 쌍방의 욕구가 동시에 일치(double coincidence of wants)해야만 한다는 것이다. 예컨대 쌀을 가지고 옷을 원하는 사람은 옷을 가지고 쌀을 원하는 사람과 만나야 한다. 이렇게 서로 원하는 바를 가진 사람끼리 동시에 만나기란 그렇게 쉬운 일이 아니다.

물물교환의 불편은 화폐라는 매개수단을 사용함으로써 쉽게 해소된다. 가령 쌀을 가지고 옷을 원하는 A씨와 옷을 가지고 구두를 원하는 B씨 두 사람이 있다고 하자. A는 우선 쌀을 원하는 다른 사람에게 쌀을 주고 화폐를 받은 다음, 이 화폐를 주고 B로부터 원하는 옷을 얻을 수 있다. B도 A로부터 받은 화폐를 가지고 구두를 가진 다른 사람으로부터 구두를 구입할 수 있다. 이와 같이 화폐라는 매개수단을 사용하면 거래 쌍방의 욕구가 동시에 일치하지 않아도 교환이 쉽게 성립될 수 있는데 이러한 교환을 화폐적 교환 또는 간접교환이라고 한다.

둘째, 화폐는 회계의 단위(unit of account) 혹은 가치의 척도로서의 기능을 수행한다. 화폐적 교환경제에서는 모든 상품들의 가치가 화폐로서 표시되기 때문에 사람들은 모든 상품들의 가치를 쉽게 비교할 수 있다. 예컨대 A라는 상품의 가격이 500원이고 B라는 상품의 가격이 1000원이라면 사람들은 B가 A보다 2배의 가치가 있다는 것을 안다. 이와 같이 화폐는 모든 상품들의 가치를 측정·비교할 수 있는 통일된 기준이 되기 때문에 상품거래의 표준이자 회계의 단위가 된다.

셋째, 화폐는 장래지불의 표준(standard of deferred payments)으로서의 기능을 수행한다. 상품을 외상으로 사거나 돈을 빌리는 경우, 장래에 지불할 대가는 으레 화폐단위로 표시되기 때문에 화폐는 장래지불의 표준이 되는 것이다.

넷째, 화폐는 가치의 저장수단(means of store of value)으로서의 기능을 수행한다. 교환의 매개수단으로 화폐를 받은 후 다른 물품을 매입할 때까지 보유하고 있을 때에 화폐는 가치의 저장수단이 되는 것이다. 교환의 매개수단과 화폐단위로서의 기능은 대부분의 경우 화폐만이 수행한다. 그러나 가치의 저장수단으로서의 기능은 화폐 외의 주식·채권·부동산 같은 자산들도 수행한다. 화폐가 가치의 저장수단으로서의 기능을 잘 수행하기 위해서는 화폐의 가치가 안정적이어야 한다. 그렇지 않으면 화폐의 보유가 가치의 손실을 초래하여 가치의 저장수단으로서의 기능이 약해진다.

화폐에 대한 정의는 화폐의 기능 중 어느 기능을 중요시 하느냐에 따라 조금씩 다를 수 있다. 그러나 위에서 든 4가지 기능 중 가장 본원적인 기능은 일반적 교환의 매개수단으로서의 기능이다. 모든 재화와 서비스가 화폐와 교환되기 때문에 재화와 서비스의 경제적 가치를 자연스럽게 화폐액으로 표시하고 장래지불의 표준도 되는 것이다. 화폐가 일반적인 교환의 매개수단으로 사용된다는 것은 사람들이 일상의 모든 거래에서 화폐로 지불하고 지불받기를 꺼려하지 않는다는 것을 의미한다. 따라서 일반적인 교환의 매개수단으로서의 기능을 중시하여 화폐를 다음과 같이 정의할 수 있다. 화폐란 상품을 매매하고 채권·채무관계를 청산하는 일상거래에서 일반적으로 통용되는 지불수단(generally acceptable means of payments)을 말한다.

화폐의 이상과 같은 기능 외에도 화폐는 회계단위 기능, 가치이전수단, 자본이전수단 등의 기능을 한다.

3) 화폐의 역사

화폐는 물품화폐, 주조화폐, 지폐, 예금통화, 전자화폐의 순서로 발전하고 있다. 물품화폐는 가장 먼저 출현한 화폐형태로서 지역, 시대, 그리고 상황에 따라 생선(알래스카), 소금, 차(중국, 몽고), 동물, 조개, 멍석(스코트랜드 섬), 곡물, 무기, 구멍 뚫린 돌덩이(태평양 군도), 담배(교도소) 등 여러가지 물품이 사용되었다. 이러한 물품화폐는 운반이나 저장 등의 문제에 있어서 많은 불편이 따른다.

여러 가지 물품 중 내구성이 강하고 동질적이며 분할과 휴대가 용이한 금, 은과 같은 귀금속이 화폐로 선택되기 시작했는데 이것이 바로 주조화폐(금속화폐)이다. 주조화폐는 기원전 2000년경부터 출현하기 시작했는데, 초기에는 구리막대, 청동판, 철 등이 사용되었다. 에게 해에서는 25kg짜리 구리형태의 화폐가 사용되기도 하였다.

금화가 최초로 등장한 것은 기원전 7세기 소아시아지방의 리디아 왕국에서 금함유량 20-25% 정도의 호박금이 화폐로 사용되면서 부터이다. 그 후 기원전 550년경 리디아 왕국에서는 순도 100%

의 금화가 주조되어 사용되었으며, 그 후 금화는 20세기 초까지 화폐의 제왕으로 군림하였다.

동양에서는 원나라가 9세기경 지폐를 사용했다는 기록이 있고 서양에서는 15세기말 스페인에서 초기 형태의 지폐가 사용되기 시작하였다. 지폐는 다른 어떤 화폐보다 발행비용이 적으면서도 휴대가 간편하다는 점에서 우월하지만, 내구성이 약하다는 단점이 있다. 세계대공황이 일어나기 전까지는 금본위제도(Gold Standard System)였으므로 언제라도 금으로 교환이 되는 태환지폐시대였다. 그러나 세계대공황 이후 각국은 금준비 없이 정부의 발권력에 의해 화폐를 발행하는 관리통화제로 이행함으로써 불환지폐시대를 열었다.

지폐는 내구성과 안전성에 취약점이 있기 때문에 이를 보완하고자 등장한 것이 바로 예금통화이다. 은행예금 중 당좌예금이나 보통예금, 자유저축예금과 같이 수시 입출이 가능한 예금은 언제라도 현금화 할 수 있으므로 예금통화라고 한다. 최근에는 컴퓨터와 통신기술의 발전으로 전자화폐까지 등장하였다. 현재 현금, 예금통화, 전자화폐 등이 혼용되고 있으나 그 중 예금통화의 비중이 제일 크다. 그러나 앞으로 전자화폐의 비중이 점차 늘어날 것으로 예상된다. 참고로 현금카드는 은행예금을 인출하기 위한 수단일 뿐 그 자체가 화폐는 아니며 신용카드 역시 신용매입수단이므로 화폐는 아니다.

4) 화폐와 통화

화폐 중에서도 유통되고 있는 화폐를 통화(money, currency)라고 한다. 중앙은행의 금고 안에 보관되어 있는 외화 및 한국은행권은 화폐이기는 하지만 통화는 아니다. 우리가 일반적으로 생각하고 있는 통화의 개념에는 본원통화(reserve money), 총통화, 준통화, MCT, 총유동성 등이 있다.

(1) 본원통화

본원통화란 현실에서 유통되고 있는 통화를 가리키는 것이 아니고, 통화량을 규제할 때 규제대상으로 사용하기 위한 통화개념인데, 이것은 중앙은행의 통화성 부채로 되어 있는 화폐발행액과 시중은행의 지불준비 예치금으로 구성된다. 이 본원통화를 고성능 통화(high powered reserve)라고도 한다.

본원통화 = 화폐발행액 + 시중은행 지불준비예치금 (2-1)

(2) 통화

통화란 민간보유현금잔액과 요구불예금잔고의 합으로 통화를 정의한 협의의 개념이다.

통화 = 민간현금보유 + 은행의 요구불예금 (2-2)

(3) 준통화

준통화란 저축성예금을 말하는데 외화유통이 제한되어 있는 국가에서는 저축성예금과 외화예금을 합한 것을 준통화라 한다.

(4) 총통화

금융혁신으로 요구불예금과 저축성 예금의 구분을 어렵게 하는 예금상품들이 출현하기 시작함에 따라 통화에 은행의 정기예금이나 정기적금과 같은 저축성 예금잔고를 합하여 총통화라 정의하는 광의의 개념이 등장하였다. 우리나라에서는 이 개념을 1979년부터 정책당국이 통화량을 규제하고자 할 때 정책지표로 운영해 왔다.

$$총통화 = 통화 + 은행의 저축성 예금 \quad (2\text{-}3)$$

(5) MCT

우리나라에서는 1996년부터 총통화에 CD(양도성예금증서) 및 금전신탁(trust)을 합한 MCT(M2, CD, Trust의 영문약자)가 보조지표로 사용되기 시작하였다.

$$MCT = 총통화 + 양도성예금증서 + 금전신탁 \quad (2\text{-}4)$$

(6) 총유동성

종합금융회사, 투자신탁회사 및 모험자본(venture capital)회사와 같은 비은행예금취급금융기관의 예수금은 은행의 요구불예금과 저축성 예금의 특성을 겸비한 금융자산이기 때문에 거시경제변수에 미치는 영향도 은행예금과 유사하다는 연구결과가 제시되기 시작하였다. 그래서 통화정책의 지표로서 이용되는 통화량을 총통화에 비은행예금취급금융기관의 예수금과, 금융기관이 발행하는 금융채, CD, 상업어음매출과 환매조건부채권(repurchase agreements: RP)매도 등을 포함시킨 가장 넓은 의미의 통화지표를 총유동성이라 정의한다.

$$총유동성 = 총통화 + 비은행금융기관의 예수금 + 금융채 + CD + 상업어음매출 + RP \quad (2\text{-}5)$$

2. 금융시장과 금융기관

1) 금융시장

금융시장이란 자금거래가 상시적으로 지속적으로 이루어지는 조직 또는 기구를 말한다. 그러므로 금융시장이 자금거래를 위한 구체적인 장소나 건물을 의미하는 것은 아니다.

금융시장에 있어서 거래되는 대부자금과 그 결과로서 창출되는 금융자산은 동질적인 것이 아니고, 그것에는 기간이나 금리, 기타의 조건을 달리하는 많은 종류의 것이 있다. 이 대부자금의 다양성을 반영하여 금융시장도 단기금융시장(short-term funds market)과 장기금융시장(long-term funds market)으로 분류된다. 단기와 장기는 보통 1년을 기준으로 하고 있다.

(1) 단기금융시장

단기금융시장에는 콜시장과 할인시장이 있다. 콜시장은 최단기 금융시장인데, 이것은 금융기관의 일시 유휴자금이 거래되는 시장이다. 콜시장의 공급자는 일시 유휴자금을 보유하고 있는 금융기관이고 그 수요자는 현금준비가 부족한 금융기관이다. 콜자금은 공급자측에서는 콜론(call loan)이라 하고, 수요자측에서는 콜머니(call money)라 한다. 이 때 수요와 공급에서 형성되는 금리를 콜금리(call rate)라 한다.

할인시장은 주로 상업어음, 단기국채 등이 거래되는 시장이다. 어음소지인이 어음의 만기일 도래 전에 자금을 필요로 할 경우, 그 어음을 재3자에게 양도하고 자금을 회수할 수 있다. 이 때 어음구매자는 어음만기일까지의 금리를 공제하고 그 어음을 구입한다. 이것을 어음할인이라고 한다. 어음할인은 수요자와 공급자가 직접 할 수도 있고 어음 중매인을 통해 이루어질 때도 있다.

(2) 장기금융시장

장기금융시장에는 장기대부시장과 증권시장이 있다. 장기대부시장은 기업의 설비자금 등과 같은 장기자금이 대부되는 시장이며, 그 자금은 정부금융기관이나 장기신용은행 등에 의해서 공급되는 것이 보통이다.

증권시장은 증권발행시장과 증권유통시장으로 구분되는데, 증권발행시장이 장기금융시장이다. 기업, 정부기관 등이 증권발행을 통해서 필요한 자금을 조달하려 할 때 증권인수, 발행을 담당하는 증권업자가 개재해서 증권을 발행하여 개인, 투자신탁회사, 기타 금융기관에 매각한다. 이와 같이 기업이 필요로 하는 자금을 증권발행을 통해서 조달할 때 이것을 직접금융이라 말하고, 은행 등을 통해서 예금자의 예금을 간접적으로 공급받을 때 이것을 간접금융이라고 한다.

증권유통시장은 증권발행시장이 발행한 이미 발행된 증권을 매매하는 시장이다. 그런데 증권유통시장의 발달 없이는 증권발행시장의 발달이 기대될 수 없다.

2) 금융기관

금융기관이란 자금의 수요와 공급을 매개하는 기관을 총칭한다. 금융기관은 크게 은행과 은행 이외의 금융기관으로 구분할 수가 있다. 은행은 다시 은행권을 발행하고 금융통제의 기능을 하는 중앙은행, 단기자금을 흡수해서 공급하는 상업은행, 장기자금을 흡수하고 장기채권을 발행하여 장기자금을 공급하는 특수은행 등으로 구분된다. 은행 이외의 금융기관으로서는 보험회사, 투자신탁회사, 증권회사, 상호신용금고 등이 있다.

중앙은행을 제외한 은행은 고객들의 예금도 흡수하지만 더 나아가서 화폐를 창출함으로써, 즉 신용창조를 함으로써 대부에 필요한 자금을 조달하는 기능을 갖고 있다. 그러나 은행 이외의 금융기관은 일단의 경제주체로부터 자금을 받아들여 이것을 다른 경제주체에게 대부하는 기능만 갖게 된다. 그러므로 은행은 화폐창조형 금융기관이고, 보험회사, 신탁회사 등 은행 이외의 금융기관은 화폐매개형 금융기관이다.

3) 중앙은행의 기능

중앙은행은 한 나라 전체의 화폐, 즉 유동성을 유지 및 규제할 목적으로 설립된 특수 금융기관이다. 중앙은행은 화폐창출형 금융기관으로서 은행권의 독점적 발행, 시중은행의 현금준비의 보관과 규제, 시중은행에 대한 재금융(재할인과 대출), 정부자금의 출납, 국채의 인수, 발행, 상환, 외환거래의 대행 및 외환의 집중적 보관 등의 각종 업무를 수행한다.

중앙은행은 또한 재금융, 증권매매, 현금준비 규제 등을 통해서 금융정책의 주체로서의 기능을 수행한다.

이와 같은 기능을 수행하는 중앙은행의 가장 중요한 임무는 통화가치의 안정을 도모하는 것이며, 이를 달성하기 위해 각종의 금융정책을 행사할 권한을 가지고 있다. 또 금융정책을 효과적으로 수행하기 위해 중앙은행은 다른 금융기관을 감독하는 권한과 기능을 가지고 있다.

3. 화폐의 공급

1) 금본위제와 관리통화제도

현실적으로 화폐의 공급은 중앙은행이 공급하는 본원통화와 시중은행이 공급하는 신용창조에 의해 이루어진다. 금본위제라 함은 금을 본위화폐로 하는 제도인데, 그것은 국가가 일정량의 금을 화폐단위로 법정화하는 제도이다. 금본위제도에 있어서는 금화가 직접 유통되는 경우도 있고, 금과 교환될 수 있는 교환은행권만이 유통되는 금지금본위제도도 있다. 또한 금본위제도를 취하는 특정의 외국화폐를 기준으로 화폐단위를 정하는 금환본위제도도 있다. 이와 같이 금본위제도 하에서는 화폐 보유량이 금보유량에 의해 제약된다.

관리통화제도란 화폐의 수량을 금보유량의 제약으로부터 벗어나서 화폐관리당국이 자국의 경제사정에 적합하게 화폐수량을 조절하려는 화폐제도이다.

금본위제도는 국제수지의 균형화와 화폐의 대외가치 안정화에 도움이 되지만 그러한 금본위 작용이 국내의 물가를 변동시키고, 따라서 국내의 경기를 변동시킬 위험이 있다. 관리통화제도는 국제수지의 균형화와 화폐의 대외가치 안정화보다는 국내 물가의 안정화와 국내 경기의 활성화를 더욱 중요시하는 화폐제도이다. 현재로서는 거의 모든 국가가 관리통화제도를 채택하고 있다.

2) 통화주의와 은행주의

역사적으로 보면 은행권 발행에 관한 은행주의자와 통화주의자의 논쟁은 매우 유명하다. 통화주의자의 주장은 은행권의 발행을 발권은행의 재량에 맡겨두면 은행권은 으레 남발되어 물가는 등귀하고 경제계는 심각한 타격을 입게 된다. 그러므로 은행권 발행에 있어서는 발행 금액만큼의 금, 지금 등 정화준비를 해 두고 은행권을 발행해야 한다는 것이다.

그러나 은행주의자의 주장은 발권은행은 시장의 수요에 따라 은행권을 발행하기 때문에 은행권의 과잉발행은 있을 수 없고, 비록 과잉발행이 되었다 하더라도 발행시에 할인된 어음이 만기도래하면 은행권이 다시 은행으로 환류된다. 따라서 은행권 발행을 은행의 재량에 맡겨두더라도 남발될 우려가 없으므로 정화준비에 의해서 은행권 발행을 규제할 필요가 없다는 것이다.

이상의 논쟁에서 한때는 통화주의가 승리해 전액 정화준비에 가까운 엄격한 제도가 실시되었으나, 점차로 은행주의의 방향으로 변모해 온 것이 역사적 사실이다. 그래서 오늘날에는 관리통화제도로 바뀌게 되었다.

3) 최고발행액 제한 제도

관리통화제도를 취하고 있는 오늘날의 대부분의 국가들이 은행권 발행에 있어서 그 준비내용에 대해서는 어떠한 제한도 두지 않고 오로지 은행권 발행액 최고액만을 설정해 두는 최고발행액 제한제도를 채택하고 있다.

이 제도는 은행권 발행에 있어서 통화당국의 재량권을 최대한 인정하는 제도로서, 발권은행이 정화준비에 구애됨이 없이 경제계의 수요에 응해서 필요한 통화를 충분히 공급할 수 있는 제도이다. 그러나 정화준비로부터 해방됨에 따라 화폐발행고가

무제한으로 팽창되지 않게 하기 위해서 매년 최고발행한도를 정해 놓고 그 범위 안에서 발행할 수 있게 한다.

우리나라의 발행제도도 최고발행액 제한제도에 속하는데, 최고발행액의 한도는 금융통화운영위원회와 정부당국에 의해 조정된다.

4) 본원통화와 통화승수

통화량의 조절을 위해서는 통화승수의 크기를 알아야 한다. 통화승수란 통화량이 본원통화의 몇 배로 되는가를 알려 주는 배수를 의미한다. 따라서 통화량을 M, 본원통화량을 L, 통화승수를 k 라면

$$M = k * L, \quad K = \frac{M}{L} \tag{2-6}$$

한편 통화량은 민간보유은행권(N)과 요구불예금(D)의 합계이므로

$$M = N + D \tag{2-7}$$

그런데 사람들은 통화량 중 일정비율을 현금통화로 보유하려는 성향을 가진다. 그 성향을 c라 하면

$$c = \frac{N}{M}, \quad N = c * M \tag{2-8}$$

(2-8)식을 (2-7)식에 대입하여 정리하면

$$D = (1-c)M \tag{2-9}$$

또 한편 본원통화(L)는 민간보유은행권(N)과 지불준비총액(R)이다. 즉,

$$L = N + R \tag{2-10}$$

지불준비금액은 요구불예금(D)의 일정 비율을 취해야 하므로 지불준비율을 r이라 하면 지불준비금액 R은

$$R = r * D \tag{2-11}$$

(2-11)식을 (2-9)식에 대입하면

$$R = r(1-c)M \tag{2-12}$$

따라서 (2-6)식에 (2-10)식, (2-8)식 및 (2-12)식을 대입하면

$$k = \frac{M}{L} = \frac{M}{N+R} = \frac{M}{c * M + r(1-c)M} = \frac{1}{c + r(1-c)} \tag{2-13}$$

(2-13)식이 통화승수이다. 만약 현금통화보유성향을 $c = 0.5$, 지불준비율을 $r = 0.2$라면 통화승수는

$$k = \frac{1}{0.5 + 0.2(1-0.5)} = \frac{1}{0.6} = 1.66$$

따라서 중앙은행이 본원통화를 100억원 증대시키면 통화량은 166

억원 증대할 것이다. 이와 같이 통화승수의 크기는 사람들이 현금을 보유하려는 성향(c)과 은행의 지불준비율(r)의 크기에 의존한다.

5) 시중은행의 예금통화 창조

시중은행은 은행권은 발행할 수 없지만 예금통화를 창조함으로써 통화량을 증가시킬 수 있다. 예금창조과정을 아주 단순한 가정하에서 설명하면 이해하기 쉽다. 법정지불준비율을 20%라고 하고, 대출받은 자는 대출금 모두를 타은행에 요구불예금으로 예금한다고 가정하자. <표 2-1>은 은행들의 계정인데, 차변에는 지불준비금과 대출액만을 표시하고 대변에는 예금액을 표시하였다.

〈표 2-1〉 은행의 대차대조표

A은행

자 산		부 채	
지급준비금	20	예금	100
대출금	80		
합계	100	합계	100

B은행

자 산		부 채	
지급준비금	16	예금	80
대출금	64		
합계	80	합계	80

C은행

자산		부채	
지급준비금	12.8	예금	64
대출금	51.2		
합계	64	합계	64

A 은행이 고객 갑으로부터 100만원의 현금을 예금으로 받아들였다고 가정하자. 이것이 소위 본원적 예금이다. 그래서 법정지불준비율 20%에 해당하는 현금 20만원을 지불준비금으로 보유하고 나머지인 80만원을 모두 고객 을에게 대부해 주었다고 가정하자.

대부를 받은 고객 을은 80만원을 모두 B은행에 요구불예금으로 예금하였다고 하자. B은행은 고객 을로부터 받은 예금 80만원 중 20%에 해당하는 16만원을 지불준비금으로 보유하고 나머지인 64만원을 고객 병에게 대출해 주었다고 가정한다.

대부를 받은 고객 병은 64만원을 C 은행에 요구불예금으로 예금하였다고 하자. 그러면 C 은행은 또 다시 대출을 할 것이다.

이상과 같은 예금 대출 예금 대출의 과정이 무한히 계속해 간다고 하면 은행조직 전체로서의 활동결과는 <표 2-2>와 같은 예금과 대출이 이루어질 것이다. 즉, 총예금 창조액은 500만원이고, 순예금 창조액(대출총액)은 400만원이다.

〈표 2-2〉 예금, 대출금 및 현금준비

은행명	예금	대출	현금준비
A	100	80	20
B	80	64	16
C	64	51.2	12.8
D	51.2	40.96	10.24
E	40.96	32.77	8.19
:	:	:	:
:	:	:	:
:	:	:	:
총계	500.00	400.00	100.00

<표 2-2>에서 예금총액의 계산식을 유도해 보면,

$$
\begin{aligned}
\text{예금총액} &= 100 + 80 + 64 + 51.2 + ------------ \\
&= 100 + 100 * \frac{8}{10} + 100 * (\frac{8}{10})^2 + -------- \\
&= 100 * \frac{1}{1-(8/10)} \\
&= 100 * \frac{1}{2/10} \\
&= 500 \text{ 만원}
\end{aligned}
$$

이것은 초항을 100으로 하고 공비를 (8/10)로 하는 무한등비급수의 합계와 같다. 그런데 마지막 등식에서 보면 예금총액은 본원적 예금 100만원에 지불준비율 20%, 즉 (2/10)의 역수를 곱한 것과 같다. 따라서 본원적 예금을 C, 지불준비율을 r이라고 하면 예금총액 즉, 총예금창조액 D_g는

$$D_g = C * \frac{1}{r} = \frac{C}{r} = \frac{100}{0.2} = 500 \text{ 만원} \tag{2-14}$$

이다.

이것이 은행의 신용창조에 관한 필립스(C. A. Phillips) 공식이다. 그리고 순예금창조액(대출총액)은 총예금창조액에서 본원적 예금을 빼면 계산된다. 순예금창조액을 D_n이라고 하면,

$$D_n = D_g - C = \frac{C}{r} - C = \frac{C - r * C}{r} = C * \frac{(1-r)}{r}$$

$$= 100 * \frac{(1-0.2)}{0.2} = 400\text{만원} \tag{2-15}$$

이다.

여기서 알 수 있는 바와 같이 총예금창조액이나 순예금창조액의 크기는 본원적 예금의 크기와 지불준비율의 크기에 의해서 좌우된다. 그러므로 현금통화가 증가하게 되면 본원적 예금의 크기에 영향을 주어 시중은행의 신용창조능력을 증대시킨다. 또한 본원적 예금이 앞의 예와 같이 100만원일지라도 지불준비율이 20%에서 30%로 인상되면 총예금창조액과 순예금창조액은 감소한다.

$$D_g = \frac{C}{r} = \frac{100}{0.3} = 333.33\ \text{만원}$$

$$D_n = C * \frac{(1-r)}{r} = \frac{70}{0.3} = 233.33\ \text{만원}$$

여기서 총 예금창조액 계산식의 $1/r$과 순예금창조액 계산식의 $(1-r)/r$를 신용승수라고 부른다. 여기서 명백히 알 수 있는 바와 같이 신용승수의 크기는 지불준비율의 크기에 달려 있다. 그러므로 통화관리당국이 통화량을 조절하고자 할 때는 때때로 지불준비율을 변동시킨다.

끝으로 한가지 알아두어야 할 것은 <표 2-2>에서 알 수 있는 바와 이 신용창조과정에서 이루어진 총지불준비금액은 100만원으로 본원적 예금액과 동등하다는 것이다. 이것은 지불준비율과는 관계없이 언제나 본원적 예금액과 동등하다.

4. 화폐의 수요

사람들이 어떠한 시점에서 보유하고자 하는 화폐의 양을 화폐수요(money demand)라 한다. 화폐라는 재화는 그것을 소유하고 있는 사람에게 화폐만이 가지는 독특한 효용을 제공한다. 화폐는 소비재 구입, 유가증권 구입에 이용될 뿐 아니라 현금을 보유하고 있으면 어느 때, 어느 장소에서나 필요한 재화와 서비스를 구입하는데 사용할 수 있다.

이와 같이 화폐를 보유하는 것은 모든 재화에 대한 청구권을 가지는 것이 된다. 그러므로 사람들은 화폐를 수요하고자 한다. 화폐수요에 관한 이론으로는 화폐수량설, 신화폐수량설, 유동성 선호설 등이 있다.

1) 현금잔고수량설의 화폐수요함수

현금잔고수량설은 마샬(A. Marshall)에 의해 창시되고, 피구(A. C. Pigou), 케인즈(J. M. Keynes) 등 이른바 케임브리지 학파(Cambridge School)에 의해 발전된 이론이다. 일정기간 동안의 모든 재화 및 용역의 거래량을 T, 재화의 평균가격을 나타내는 물가수준을 P라고 하면, 총거래액은 PT로 표시된다. 총거래액에는 소비재 뿐 아니라 기업과 기업간에 거래되는 원료, 반제품 등도 포함되므로 PT는 국민소득보다 훨씬 크다.

총거래금액 PT에 대해서 보유하고자 하는 현금비율을 k라고 하면, 보유하고자 하는 현금(현금잔고)을 Md로 표시하면 다음 등식이 성립한다.

$$Md = k * P * T \qquad (2\text{-}16)$$

이 <2-16>식을 현금잔고 방정식(cash balance equation)이라 하고, 여기서 k를 마샬 k(mashallian k)라 한다. 상관습이나 거래관습은 전쟁이나 기타 대변혁이 없는 한 일정할 것으로 예상되므로 k는 대체로 일정하다고 볼 수 있다. 따라서 화폐수요를 결정하는 것은 재화의 거래량과 물가라고 볼 수 있다. 물가가 일정하고 재화의 거래량이 많아지면 화폐수요가 많아지고 재화의 거래량이 일정하더라도 물가가 상승하면 화폐수요가 많아진다.

현금잔고수량설은 화폐수요가 오직 거래적 동기에 의해서만 이루어지고 있다고 보는 결점을 가지고 있다.

2) 프리드만의 화폐수요함수

프리드만(M. Friedman)은 화폐의 수요를 다른 재화나 자산 내지 자본에 대한 수요와 마찬가지로 취급하여 화폐수요함수를 구성하고 있다. 사람들은 재화나 자산 내지 자본을 보유함으로써 용역이나 수익을 얻듯이, 화폐를 보유함으로써 일련의 용역을 얻는다. 재화를 소비하면 효용을 얻고, 자산이나 자본을 소유하면 거기서 나오는 수익에서 효용을 얻는다. 그러므로 사람들은 자산, 자본, 재화, 화폐를 각각 한계효용이 균등하게 보유하여 전체적으로 총효용을 극대화할 것이라고 생각할 수 있다.

이러한 견지에서 프리드만은 화폐수요함수를 다음과 같이 구성한다.

$$Md = f(Yp, w, rm, rb, re, e) \tag{2-17}$$

여기서 Md는 화폐수요량이고, Yp는 항상소득(permanent income)이다. 이것은 임금, 사채 및 공채이자, 연금 등과 같이 가계가 확실하게 기대할 수 있는 이른바 기대소득이다. w는 소득 중에서 재산소득이 차지하는 비중을 표시한다. rm은 화폐의 예상수익률을, rb는 채권의 예상수익률을, re는 주식의 예상수익률을, e는 물가의 예상 상승률을 각각 나타낸다.

이상과 같은 화폐수요함수의 구성요소 중 Yp와 w가 화폐수요에 가장 큰 영향을 미친다고 한다.

3) 케인즈의 유동성선호설

유동성선호(liquidity preference)라 함은 화폐를 수요한다는 의미인데, 케인즈에 따르면 유동성선호, 즉 화폐수요는 거래적 동기, 예비적 동기 및 투기적 동기에 의해서 결정된다고 하였다.

거래적 동기(transaction motive)는 개인과 기업이 일상의 거래를 위해 화폐를 수요하는 동기이고, 예비적 동기(precautionary motive)는 돌발적으로 일어날지 모르는 화폐의 필요에 대비하려는 화폐수요 동기이다. 그리고 투기적 동기(speculative motive)는 장래에 있어서 한층 더 유리한 투자기회를 얻기 위해 화폐를 보유하려는 동기이다. 투기라 함은 값이 쌀 때 구입해 두었다가 값이 비쌀 때 팔아서 그 차액을 얻으려는 행위이다.

이 세 가지 동기 중 거래적 동기와 예비적 동기의 화폐수요는 소득수준의 함수이고, 투기적 동기의 화폐수요는 이자율의 함수이다. 그러나 유동성선호를 설명함에 있어 케인즈는 투기적 동기의 화폐수요를 강조하였다. 투기적동기의 화폐수요는 이자율의 변동에 민감하기 때문에 케인즈는 화폐수요의 이자율탄력성이 매우 크다고 주장하였다.

만약 소득수준이 일정하다는 가정하에서 이자율(종축)과 화폐량(횡축)의 관계를 나타내는 화폐수요곡선은 우하향하므로 동일한 소득수준하에서 이자율이 높을수록 화폐에 대한 수요는 줄어들고 반대로 이자율이 낮으면 화폐에 대한 수요가 늘어난다.

오늘날 대부분의 경제학자들은 화폐수요를 결정하는데 있어 소득수준과 이자율 모두를 중요한 요인으로 인정하고 있다. 그러나 경제학파에 따라 어떤 요인이 더 중요한 역할을 하는지에 대해서는 여전히 견해차이가 있다. 예를 들면 통화주의자들은 실질국민소득이 화폐수요를 결정하는데 가장 중요한 요소이며, 이자율은 큰 영향을 미치지 못한다고 주장하는 반면, 케인즈학파는 여전히 화폐수요를 결정하는데 가장 중요한 요소로 이자율의 역할을 강조하고 있다.

5. 금리

1) 금리의 정의와 종류

시장에서 물건을 사고 팔 때 가격이 있듯이 자금을 빌려주고 빌리는 데도 가격이 있기 마련이다. 금리(interest rate)란 이자율이라고도 하는데 한마디로 돈을 빌린 대가로 지불하는 가격이다. 금리에도 여러 가지 종류가 있다. 먼저 차입기간에 따라 1년 이상이면 장기금리, 1년 이내이면 단기금리로 분류한다.

일반적으로 돈을 빌려주는 기간이 길수록 회수위험이 증가할 것이기 때문에 금리가 높다. 단기금리 중 차입기간이 짧은 것이 콜(call)금리인데 이는 일시적으로 자금 과부족이 생긴 금융기관의 자금거래에 적용되는 금리로서 차입기간이 하루인 경우가 대부분이다. 또한 차입기간 동안 적용금리가 변할 경우 변동금리, 고정되어 있으면 고정금리라고 한다. 대상 금융상품에 따라 예금금리, 대출금리, CD(양도성예금증서)유통수익률, CP(기업어음)유통수익률, 채권수익률 등 다양하다.

2) 명목금리와 인플레이션간의 관계

명목금리(nominal interest rate)는 시장에서 통용되는 금리임에 반해 실질금리(real interest rate)는 명목금리를 물가변동분으로 조정한 금리를 말한다. 그러므로 이들 3자간의 관계를 식으로 나타내면 다음과 같다.

$$\text{명목금리} = \text{실질금리} + \text{예상인플레이션} \tag{2-18}$$

식 (2-18)에서 실질금리가 장기적으로 안정적이라면 예상인플레이션의 변화는 명목금리를 동일한 방향으로 변화시킨다. 일찍이 피셔(I. Fisher)는 "예상인플레이션의 변화는 명목금리에 뚜렷한 영향을 미친다."고 주장하였는데 이것을 '피셔효과'(Fisher effect)라고 한다. 왜 예상인플레이션이 상승하면 명목금리도 상승하는가? 예상인플레이션의 상승은 장래 화폐가치가 하락함을 의미한다. 그러므로 자금을 빌려주는 채권자는 인플레이션으로 인한 원리금의 가치 하락분만큼 이자를 더 받으려 할 것이다. 따라서 더 높은 금리를 요구하는 것은 당연하다.

3) 채권수익률은 전형적인 시장금리

보통 금리라고 하면 금융기관의 수신금리와 대출금리를 쉽게 떠 올리게 된다. 그러나 금융기관의 수신금리와 대출금리는 시장 상황에 따라 수시로 바뀌는 것이 아니고 한국은행의 콜금리 변경과 같은 금융통화정책에 따라 각 금융기관이 자율적으로 결정하고 있다. 그러므로 보통 시장금리라고 하면 금융시장에서의 자금의 수요와 공급에 의해 자유롭게 결정되는 금리를 뜻하는데 우리나라의 대표적인 시장금리로는 회사채수익률(yield)과 콜금리를 꼽을 수 있다. 국공채, 회사채, 금융채 등이 거래되는 채권시장에서는 금리라는 용어보다는 채권수익률이란 용어를 사용한다. 그러므로 채권수익률 역시 금리의 하나이다. 채권수익률은 채권을 만기까지 보유하여 얻을 수 있는 수익을 그 채권의 매입가격으로 나누어 산출한다.

4) 채권가격과 채권수익률은 역의 관계

채권의 표면금리는 만기까지 고정되어 있더라도 채권수익률은 채권가격의 변동과 함께 변하게 된다. 예를 들면 액면가격 10,000원, 표면금리 연 10%인 1년 만기 회사채를 생각해 보자. 표면금리가 연 10%이므로 채권매입자는 만기 시 원리금을 합하여 11,000원을 받게 된다. 이제 만기 6개월을 남겨두고 이 채권의 가격이 10,600원에 거래되고 있다면 채권수익률은 연 몇 %인가? 또 채권가격이 10,700원으로 상승했다면 채권수익률은 어떻게 변하는지 계산해보자. 채권가격이 10,600원일 때 연 채권수익률은 (11,000-10,600)/10,600×(12/6)×100= 7.55%임에 비해, 채권가격이 10,700원으로 상승하면 연 채권수익률은 (11,000-10,700)/10,700×(12/6)×100=5.61%로 감소한다. 즉, 채권가격과 채권수익률 간에는 역의 관계가 있는 것이다. 여기서 12/6로 곱하는 이유는 만기까지 남은 6개월간의 수익률을 연 수익률로 환산하기 위해서이다.

6. 금융정책

1) 금융정책의 목표

금융정책이란 통화에 관련되는 여러 가지 변수를 조정함으로써 환시세의 안정, 국제수지 균형, 물가수준의 안정, 화폐의 중립성 유지, 소득의 안정, 완전고용의 달성 등을 목표로 하는 화폐정책이다. 이와 같이 금융정책의 목표는 다양하게 제시되어 있지만 이들 목표의 공통점을 찾아보면 경제의 안정화라고 볼 수 있다. 그런데 경제의 안정화는 국민소득의 안정적 성장으로 나타난다.

재정정책은 정부지출이나 세율을 변동시켜 국민소득의 흐름에 직접적인 영향을 미치는데 비해, 금융정책은 통화량이나 이자율을 변동시켜 국민소득의 흐름에 영향을 주게 된다. 금융정책이 통화량을 변동시키면 그것이 신용공급가능성(credit availability)을 변화시키고, 신용공급가능성의 변화는 또 투자지출의 변화를 가져와 국민소득의 흐름에 영향을 준다. 또 금융정책이 이자율을 변동시키면, 그것이 투자지출의 변동을 가져와 국민소득의 흐름에 영향을 주게 된다.

2) 금융정책의 수단

(1) 일반적 정책수단

일반적 금융정책의 수단이란 양적 금융정책을 의미하는데, 이것은 금융정책의 효과가 국민경제 전반에 대해 영향을 미치는 정책수단을 말한다. 여기에는 지불준비율 조정, 재할인률 조정, 공개시장조작 및 각종 한도제가 있다.

(1) 지불준비율 조정

이 정책은 시중은행의 지불준비율을 인상 또는 인하함으로써 시중은행의 대출을 통제하여 통화량을 조절하려는 정책이다. 모든 나라의 중앙은행들은 법률에 의하여 법정지불준비율을 인상 또는 인하할 권한을 가지고 있다.

지불준비율을 인하하면 시중은행은 일정 예금액에 대해서 준비금을 보다 적게 하고 보다 많은 대출을 할 수 있기 때문에 신용승수 및 통화승수가 크게 되어 통화량이 증가한다. 지불준비율이 인상되면 그 반대 현상이 나타날 것이다.

그러므로 통화량을 팽창시키고자 하면 지불준비율을 인하하고, 긴축을 하고자 하면 지불준비율을 인상하면 된다. 이와 같이 지불준비율 조정은 강력한 통화량 조정의 정책수단이 된다.

(2) 재할인률 조정

재할인률이란 시중은행이 중앙은행으로부터 대출받을 때 그 대출에 붙이는 이자율이다. 시중은행이 중앙은행에서 대출을 받고자 하면 시중은행이 민간에게 대출을 해 줄 때 할인하여 받아 둔 약속어음을 가지고 가서 재할인하는 방법으로 대출을 받는다. 이 때 대출이자율, 즉 재할인률이 높으면 시중은행이 중앙은행에서 대출받기를 싫어할 것이고, 따라서 시중은행의 대출자금이 적어져서 시중의 통화량이 줄어들 것이다. 반대로 재할인률을 인하하면 통화량이 늘어날 것이다.

(3) 공개시장조작

공개시장조작(open market operation)이란 중앙은행이 증권시장에서 증권을 구입 또는 매각하여 통화량을 조절하는 것을 의미한다. 중앙은행이 증권을 구입하면 시중 현금통화가 증가하고, 매각하면 현금통화가 감소한다. 중앙은행이 공개시장조작을 하면 통화량을 변경시키고, 은행의 지불준비율을 변경시키며, 이자율을 변경시키는 효과가 발생한다.

또한 공개시장조작은 직접적으로 이자율을 변경시킨다. 일반적으로 증권가격이 상승하면 이자율이 하락한다. 그러므로 중앙은행이 국채를 대량으로 매입하면 국채가격이 상승하여 이자율이 하락할 것이다. 공개시장조작은 금융정책들 가운데 매우 유력하고도 부작용이 적은 정책수단이다.

(4) 각종 한도제

앞서 언급한 정책의 수단만 가지고는 통화량 규제효과를 충분히 기대하기 어려울 때는 한도제(ceiling system)라는 보다 직접적인 수단을 사용한다. 대정부여신과 대민간여신에 대하여 최고한도를 책정해 놓고 국내여신이 그 이상 초과하지 못하도록 하는 제도이다.

2) 선별적 정책수단

선별적 정책수단은 질적 정책수단이라고도 하며, 두 가지 목적을 위해 사용된다. 그 하나는 경제의 특정부문의 육성 또는 개발을 목적으로 하는 것이다. 예를 들면 과거 개발연대에 널리 사용되었던 중화학공업이나 기계공업, 수출 등에 대한 특별금융이라든가, 중소기업, 벤처기업, 첨단산업, 농업 등에 대한 지원금융 등이 모두 여기에 속한다.

선별적 금융정책의 또 하나의 목적은 경제의 안정을 위한 것이다. 어떤 특정부문이 바람직하지 못할 경우, 이를 시정하기 위해 선별적 금융이 이루어진다. 예를 들면 공무원자녀에 대한 학자금융자라든가, 증권금융의 증가라든가 하는 것이 그것이다.

제3장
물가, 인플레이션, 실업

1. 물가결정이론

1) 물가와 물가지수

GDP와 함께 거시경제학에서 가장 중요한 변수인 물가(prices)에 대해 살펴보자. 물가란 한 경제에서 생산된 상품의 평균가격을 말한다. 물가는 대부분의 경우 일정한 수준을 유지하기보다는 끊임없이 변동한다. 물가가 오르는 현상이 반드시 나쁜 것은 아니다. 물가가 어느 정도 오르는 것은 기업이 상품을 개발하고 개선하는 동기가 되기 때문이다.

물가가 내리거나 또는 변화하지 않는다면, 기업의 생산활동은 위축될 수 있다. 반면에 물가가 너무 올라도 기업활동이 불안해지므로 기업에게도 바람직하지 못하다. 그러므로 안정적으로 변화하는 물가가 가장 이상적이다. 이러한 물가의 변동을 측정하기 위해 물가지수가 필요하다.

물가지수(price index)란 “기준시점의 물가수준을 100으로 하여 비교시점의 물가수준의 상대적 변화를 수치로 나타낸 지표”이다. 물가지수는 목적에 따라 여러 가지가 있다. 대상품목에 따라 소비자물가지수(copnsumer price index: CPI), 생산자물가지수(producer price index: PPI), 수출입물가지수, GDP 디플레이터(deflator) 등이 있다. 우리가 흔히 사용하는 물가지수는 소비자물가지수이다.

(1) 소비자물가지수

소비자물가지수는 통계청이 도시가계조사를 통해 매년 발표한다. 사람들의 소비구조가 변화하므로 조사대상의 품목과 가중치는 5년마다 조정된다.

그런데 통계청이 발표하는 소비자물가지수와 실제적으로 소비자가 느끼는 체감(장바구니)물가 간에 상당한 차이가 있다. 왜 그럴까? 한 가지 이유는 물가를 추계할 때 각 품목에 적용되는 가중치가 소비자가 실제로 소비하는 상품바구니의 구성과 다르기 때문이다. 예컨대 수도료와 전기료 등을 포함한 주거에 대한 소비자물가의 가중치는 약 17%이다. 만약 집세가 20% 폭등하는 경우 자기집이 있는 사람은 집값 상승을 체감하지 못하는 반면 무주택자가 집세에 대한 체감물가상승률은 20%이다. 이것이 지수에 반영되는 통계적으로 추계되는 소비자물가지수 상승폭은 3.4%(즉 20%× 17%)에 불과하다. 마찬가지로 통신료에 대한 가중치는 6%이다. 따라서 통신료가 100% 상승하더라도 물가지수에 미치는 영향은 6%에 불과하다.

이러한 소비자물가지수의 한계점을 보완하기 위해 통계청은 기본생필품지수, 신선식품지수, 구입 빈도별 지수 등 보조지표를 발표하고 있다. 그러나 이들 보조지수들은 특정 목적에는 부합되지만 다양한 요구를 다 반영할 수는 없다는 한계점을 지니고 있다. 따라서 체감물가를 잘 반영시키기 위해서는 다양한 지수의 개발이 필요하다. 이러한 부족을 보완하기 위해 IMF관리체제 이후 정부는 소비자물가지수를 발표할 때 생활물가지수도 동시에 발표하고 있다. 생활물가지수는 3개월에 1회 이상 구입하는 생필품 중 총 152개 품목을 대상으로 한다. 기상조건이나 계절에 따라 변동이 큰 신선어류, 채소, 그리고 과실 등 51개 품목을 대상으로 하는 신선식품지수도 있다.

(2) 생산자물가지수

생산자물가지수는 "제1차 거래단계에서 기업상호간에 거래되는 품목의 가격변동을 측정하기 위한 물가지수"이다. 이 지수작성에 이용되는 가격은 제1차 거래단계의 가격, 즉 국내 생산품의 경우 부가가치세를 제외한 생산자판매가격(공장도 가격)을 원칙으로 하고 있다. 생산자물가지수는 한국은행에서 작성한다.

(3) 수출입물가지수

수출입물가지수는 "수출 및 수입상품의 가격변동을 측정하는 지표"이다. 우리나라는 대외의존도가 높기 때문에 수출입상품의 가격변동은 국내물가뿐만 아니라 생산활동 및 대외경쟁력에도 큰 영향을 미친다. 따라서 이러한 문제점을 사전에 파악하기 위해서 수출입물가지수를 측정하고 있다. 이 지수는 수출입에 관련된 업체들의 수출채산성 변동이나 수입원가부담 등을 파악하는데 큰 도움을 준다.

(4) GDP 디플레이터

지금까지 설명한 물가지수들은 조사원들이 시장에서 직접 샘플조사를 통해 지수를 작성한다. 그런데 GDP를 알면 저절로 구할 수 있는 물가지수가 있는데, 그것이 바로 GDP디플레이터이다. GDP디플레이터는 "명목GDP를 실질GDP로 나눈 후 100을 곱하여 산출"된다. 앞에서 언급한 바와 같이 명목GDP는 당해 연도의 가격을 이용해 계산된 GDP이고 실질GDP는 기준연도의 가격을 이용하여 계산된 GDP이다. 따라서 양자의 비율은 기준연도와 당해연도 사이의 전반적인 물가의 변화를 나타낸다.

$$\text{GDP 디플레이터} = \frac{\text{명목}\,GDP}{\text{실질}\,GDP} \times 100 \qquad (3\text{-}1)$$

이와 같은 방식으로 계산된 결과는 당해 연도에 생산된 상품들의 기준연도로부터의 가격변화를 나타내므로 일종의 물가지수가 된다.

GDP 디플레이터와 소비자물가지수의 차이를 살펴보면 먼저 지수산정에 사용되는 품목수가 크게 다르다. 소비자물가지수는 496개 정도이다. 그러나 GDP 디플레이터는 GDP 추계에 사용된 모든 재화가 사용되므로 품목이 매우 많다. 그리고 또 큰 차이는 소비자물가지수의 경우 기준연도의 가중치를 적용하기 때문에 기준연도의 상품 바구니가 사용되는 반면, GDP 디플레이터는 당해 연도에 생산된 상품에 대하여 당해 연도의 가격을 적용한 경상 GDP를 역시 당해 연도에 생산된 상품의 실질 GDP로 나누어 준 것이므로 당해 연도의 상품 바구니를 사용한다는 것이다.

일반적으로 GDP를 정확히 추계하는 데는 최소한 1년 이상이 걸린다. 따라서 GDP 디플레이터는 현재의 가격변화를 즉각적으로 반영할 수 없고, 항상 과거의 가격변화를 측정할 수 있을 뿐이다. 그래서 실제로 임금협상 등에는 GDP 디플레이터는 사용하기 어렵기 때문에 CPI가 주로 사용된다. 그렇지만 GDP 디플레이터의 장점은 다른 물가지수에 비해서 GDP 추정에 사용된 모든 재화의 가격변화를 반영하므로 가장 포괄적인 물가지수라는 점이다.

2) 물가지수 계산법

물가지수를 작성하는 방법에는 라스파이레스식(Laspeyres formula), 파쉐식(Passche formula), 핏셔식(Fisher formula) 그리고 에지워스식(Edgeworth formula) 등이 있으나 대부분의 국가에서는 라스파이레스 물가지수를 작성하여 사용하고 있다.

(1) 라스파이레스식

기준시점에 가계에서 생활하기 위해 여러 가지 물건을 구매하는데 들어간 금액과 비교연도에 그와 똑같은 물건을 구입하는데 들어간 금액을 비교하여 어느 정도 더 들었느냐, 혹은 적게 들었느냐 하는 것을 수치로 나타낸 것이 라스파이레스 물가지수(LPI)인데, 다음과 같은 식으로 표시된다.

LPI = 비교시점의 가격으로 기준시점과 동일한 물건을 구입하는데 지출한 금액 / 기준시점에서 물건을 구입하는데 지출한 금액

(2) 파쉐식

기준시점에 있어서도 비교시점과 동일한 거래량이 있다고 가정

하여 물가변동을 계산하는 것이 파쉐식이다.

(3) 핏셔식

기준시점의 거래량을 가중치로 택하는가 비교시점의 그것을 가중치로 택하는가에 따라 물가지수가 달라진다. 이러한 폐단을 없애기 위해 만든 것이 핏셔의 이상적 산식(Fisher's ideal formula)이다.

(4) 에지워스식

기준시점의 거래량과 비교시점의 거래량을 평균하여 그것을 가중치로 하여 물가지수를 계산하는 것인 에지워스식이다.

한편 UN 통계위원회가 매 5년마다 물가지수를 산정하도록 권고하는 중요한 이유 중의 하나는 새로이 출현한 신상품이 포함된 가중치를 사용하여 물가지수를 작성하도록 하기 위함이다.

(5) 물가지수 계산의 실제 예

아래 <표3-1>를 이용하여 각각의 물가지수를 계산하면 다음과 같다.

$$\text{LPI}=\frac{300\times700+500\times300+500\times200}{300\times500+500\times200+500\times100}\times100=153.3$$

$$\text{PPI}=\frac{700\times400+300\times600+200\times600}{500\times400+200\times600+100\times600}\times100=152.6$$

$$\text{FPI}=\sqrt{153.3\times152.6}\times100=152.9$$

$$\text{EPI}=\frac{700\times350+300\times550+200\times550}{500\times350+200\times550+100\times550}\times100=152.9$$

<표 3-1> 거래량과 가격

	2000년		2009년	
	거래량	가격(₩)	거래량	가격(₩)
쌀	300톤	500	400톤	700
옷	500벌	200	600벌	300
신발	500켤레	100	600켤레	200

이상에서와 같은 네 가지의 물가지수산식이 있는데. 이들은 각각의 특색을 가지고 있다. 라스파이레스식으로 계산하면 실질물가 변동보다 크게 변동한 것처럼 계산되고, 파쉐식에 의하면 작게 변동한 것처럼 계산된다. 이들 중에 핏셔식이 가장 정확한 물가변동을 측정하는 것으로 알려져 있으나 핏셔식은 계산식이 복잡하기 때문에 잘 사용되지 않고 있다. 우리나라에서는 물가지수를 주로 라스파이레스식으로 계산하고 있다.

2. 인플레이션

1) 인플레이션의 정의와 유형

물가는 일정한 수준에 머무르지 않고 끊임없이 오르고, 또 가끔은 내리기도 한다. 물가가 오르는 현상이 반드시 경제에 부정적인 영향을 미치는 것은 아니다. 물가가 어느 정도 오르는 것은 기업이 자신의 상품을 개발하고 개선하고자 하는 동기를 제공하기 때문이다. 그러나 지나치게 불안정한 물가변화는 경제에 좋지 않은 영향을 가져온다. 그러므로 안정적으로 변화하는 물가가 가장 이상적이다.

인플레이션은 "물가수준이 지속적으로 상승하는 현상"을 말한다. 물가상승률이라고 부르는 인플레이션률은 다음과 같이 물가수준의 변화율을 이용하여 측정된다.

$$\text{물가상승률(\%)} = \frac{\text{비교연도물가지수} - \text{기준연도물가지수}}{\text{기준연도물가지수}} \times 100 \tag{3-2}$$

예를 들어 2008년도 물가지수가 120이고, 2009년도 물가지수가 126이라고 가정하면, 다음과 같이 2009년도 물가상승률 5%를 구할 수 있다.

$$\text{물가상승률} = \frac{126 - 120}{120} \times 100 = 5\%$$

이는 2009년 물가수준이 전년도에 비해 5% 상승했다는 것을 의미한다. 물가지수를 측정할 때 어떠한 물가지수를 사용하느냐에 따라 물가상승률이 약간씩 차이가 난다. 그 이유는 각 물가지수를 측정하는데 포함되는 상품의 종류가 다르기 때문이다. 생산자물가지수로 측정된 인플레이션률의 변동폭이 소비자물가지수나 GDP 디플레이터로 측정된 것보다 크게 나타나는데 그 이유는 소비자물가지수의 측정에 사용되는 재화에는 서비스를 포함하는 반면에, 생산자물가지수에는 서비스보다는 원자재가 포함되기 때문이다. 서비스는 주로 인건비가 큰 비중을 차지하는데 인건비는 쉽게 오르거나 떨어지지 않기 때문에 소비자물가지수로 측정된 인플레이션률의 변동폭이 상대적으로 작다.

인플레이션이 발생하는 원인은 여러 가지가 있다. 우선 총수요가 증가해서 발생하는 인플레이션이 있는데 이를 수요견인(demand-pull)인플레이션이라고 부른다. 이것은 통화공급이 지나치게 늘어나거나 주식과 같은 금융자산 가격이 빠르게 상승해 총수요가 증가할 경우에 자주 발생한다. 이 경우 생산활동이 빠르게 늘어나고 실업은 감소하는 것이 일반적이다.

이와는 달리 총공급의 감소로 인해 인플레이션이 발생하는 경우가 있다. 이러한 인플레이션을 비용인상(또는 비용압박, cost-push) 인플레이션이라고 한다. 인건비나 원자재 가격 상승과 같은 생산비상승에 의해 총공급이 감소하는 경우가 이에 해당된다. 이 경우는 총공급곡선이 왼쪽으로 이동하는 경우가 되며, 그 결과 인플레이션과 생산수준 감소(즉 실업의 증가)가 동시에 나타날 수 있다. 이 두가지 형태의 인플레이션이 함께 작용하는 경우를 혼합형 인플레이션(mixed inflation)이라고 부른다.

이 외에도 수입재의 가격이 올라 국내가격이 상승하는 경우를 수입인플레이션이라고 한다. 1973년과 1979년에 있었던 국제석유가격의 갑작스런 폭등으로 발생한 석유파동은 비용인상인플레이션인 동시에 수입인플레이션의 예라고 할 수 있다.

〈표3-2〉 인플레이션의 유형과 요인

유형	주요 요인
수요견인인플레이션	◦ 과소비풍조나 사재기 ◦ 기업의 투자의욕 증가나 투자전망 호전 ◦ 정부의 확대재정 및 통화정책 ◦ 해외수요의 증가
비용인상인플레이션	◦ 노사분규로 인한 임금상승 ◦ 생산성 저하 ◦ 원유나 원자재가격 상승 ◦ 경기비관론 확산

혼합형인플레이션	◦ 수요견인 인플레이션 요인과 비용인상 인플레이션 요인이 동시에 발생
수입인플레이션	◦ 최종수입재 가격 상승, 환율상승

2) 인플레이션의 영향

인플레이션은 국가경제에 여러 가지 좋지 않은 영향을 준다. 우선 인플레이션은 부와 자산의 재분배에 영향을 미친다. 인플레이션이 발생하면 금융자산(즉 현금, 저축예금 등)을 가진 사람들과 돈을 빌려 준 채권자는 손해를 본다. 반면에 실물자산(즉 부동산, 귀금속 등)을 소유한 사람들과 돈을 빌린 채무자는 인플레이션을 통해 이익을 본다. 정리하면 인플레이션은 금융자산보다는 실물자산을 소유한 사람과 채무자에게 유리하도록 부와 자산을 재분배한다. 따라서 사람들은 저축을 하기보다는 실물자산을 사려고 하므로 물가는 더욱 빠르게 오른다.

인플레이션은 소득의 재분배에도 영향을 미친다. 높은 인플레이션 하에서는 연금생활자와 같이 고정된 소득을 받는 사람들이 불이익을 받는다. 반면에 자신이 판매하는 상품의 가격이 빠르게 오르는 사업자의 소득은 올라간다. 이와 같은 부와 소득의 재분배는 생산적인 경제활동에 부정적인 영향을 주게 된다.

인플레이션이 가져오는 불확실성은 기업의 투자를 위축시키기 때문에 높은 인플레이션 하에서는 투자율이 낮아진다. 물가가 빠르게 오르면 투자의 실질수익은 하락하게 되므로 기업은 인플레이션이 발생하면 현재가치가 보장된 실물을 보유하고자 한다. 결과적으로 인플레이션은 기업의 투자를 감소시키므로 생산적 경제활동을 위축시키게 된다. 이 점이 인플레이션이 가져오는 가장 심각한 폐해이다. 높은 인플레이션은 기업들로 하여금 부동산 등에 대한 투기활동에 몰두하게 만들어 경제성장을 저해하는 결과를 가져온다.

또한 국내물가가 상승하면 세계시장에서 자국 상품의 가격경쟁력이 떨어져 국제수지를 악화시킨다. 우리나라와 같이 대외의존형 경제의 경우 원자재와 자본재 및 소비재의 많은 부분을 수입하기 위해서는 수출을 많이 해서 외화를 확보해야 한다. 이를 위해서는 반드시 국내물가가 안정되어야 한다.

3) 인플레이션과 예상

사람들이 인플레이션을 예상했는가 아니면 예상하지 못했는가에 따라 인플레이션이 경제에 미치는 영향이 달라진다. 매년 각종 연구기관들은 국내외 경제여건을 종합하여 내년도 예상인플레이션률을 발표하고 경제주체들은 이에 맞추어 경제활동을 한다. 그러나 갑작스런 경제상태의 변화, 즉 경제충격(economic shock)으로 예상치 못한 인플레이션이 발생하는 경우에는 국민경제에 상당한 파장을 가져온다.

예상치 못한 인플레이션(unexpected inflation)이 발생하면 채권자는 손해를 보고 채무자는 이득을 보게 된다. 예컨대 A씨가 연 9% 이자율로 B씨에게 100만원을 발려주어 1년 후에 109만원을 받는다고 하자. 이때 이자율(이것을 명목 이자율이라고 부른다) 9%에는 두 가지 의미가 들어있다. 첫째는 1년 사이에 물가가 올라서 1년 후에 화폐의 구매력이 떨어질 것에 대한 보상(예상인플레이션 연 5%로 가정)이고, 둘째는 이 돈을 빌려준 사람이 다른 용도로 돈을 사용하지 못하게 되는 데에 따른 보상(이를 실질이자율이라고 부름, 연 4%라고 가정)이다. 즉 명목이자율은 실질이자율과 예상인플레이션으로 구성되어 있다.

명목이자율(9%)= 실질이자율(4%) + 예상인플레이션률(5%)

그런데 만약 물가가 5% 오를 것으로 예상하여 연 9%로 이자율을 정하였는데 실제적으로 물가가 더 많이 올라 8% 인플레이션이 일어났다면 채권자는 예상치 못한 3%의 손해를 보게 된다. 한편 채무자는 3% 만큼 이득을 보게 된다. 따라서 예상치 못한 인플레이션이 발생하면 채권자와 채무자간의 부의 재분배가 일어난다. 그런데 사회 전체로 보면 채권자는 저축을 하는 일반 국민이고, 채무자는 국민이 저축한 돈을 빌려쓰는 기업이나 정부인 경우가 많다. 따라서 예상치 못한 인플레이션이 발생하면 기업과 정부는 이익을 보고 일반국민들은 손해를 본다.

예상치 못한 인플레이션이 발생하면 고용과 산출도 영향을 받게 된다. 예를 들어 예상치 못한 인플레이션이 발생하면 채무자인 기업은 이득을 보게 되어 생산설비를 확장시킬 수 있게 되고 따라서 고용량과 산출량도 증가하게 된다. 이 경우 인플레이션은 경기를 자극하여 호황을 가져오게 된다.

그리고 예상치 못한 인플레이션이 반복되면 경제주체들은 경제 전반에 대해 예상을 하기가 어렵게 되어 안정된 소비와 투자계획을 세울 수 없다. 따라서 경제활동이 위축되는 결과를 가져오게 된다.

한편 인플레이션을 정확하게 예상할 수 있다면 물가변동에 따른 부의 재분배는 일어나지 않는다. 그러나 예상된 인플레이션(expected inflation)이라도 그 정도가 높게 지속되면 투자활동이 비생산적인 투기활동 쪽으로 흘러 경제의 효율성이 떨어지게 된다. 그리고 가격이 오를 때마다 가격표를 다시 바꾸어야 하는 소위 메뉴비용(menu cost)이라고 부르는 가격표 교체비용도 현실적으로 존재하게 하므로 경제의 효율성이 떨어진다.

급속도로 진행되는 높은 인플레이션을 초인플레이션(hyper inflation)이라 부른다. 제1차 세계대전에서 패망한 독일은 1922년 1월부터 1923년 11월까지 물가가 천문학적으로 상승하였다. 이러한 비정상적인 물가폭등은 이 밖에도 제2차 세계대전 후 그리스와 헝가리, 1980년대 이스라엘 남미 등 여러 나라에서 경험한 바 있다. 지금까지 경험한 대부분의 초인플레이션은 전쟁, 국제원자재나 원유가격 상승 및 국제금리의 상승 등으로 발생한 재정적자를 통화증발로 해결하는 과정에서 발생하였다.

초인플레이션 하의 생활은 어처구니 없는 상황을 가져온다. 돈의 가치가 너무 떨어져서 도배지를 이용하는 것보다는 지폐로 방을 도배하는 것이 싸게 먹히게 되는 경우도 있다. 또는 인플레이션이 급속도로 진행되면 시간이 지남에 따라 돈의 가치가 계속 떨어지므로 손님들은 레스토랑에서 식사를 시키자마자 요금을 계산하려고 할 것이고, 술집에서는 술을 마시는 사이에 가격이 올라가기 때문에 아예 술통을 시켜놓고 마셔야 할 것이다.

초인플레이션 하에서는 정상적인 경제행위가 불가능하므로 화폐단위를 바꾸는 방식으로 화폐개혁(monetary reform)을 단행한다. 그러나 이렇게 새로운 화폐를 발행함으로써 어느 정도 화폐량을 줄일 수는 있겠지만, 화폐개혁을 한다고 물가가 제대로 떨어지지는 않는다. 그러므로 초인플레이션이 발생하는 경우에는 우선적으로 화폐에 대한 신뢰회복을 통해 경제활동을 원활히 작동시킴으로써 물가수준을 안정시켜야 한다.

4) 인플레이션 대책

앞에서 인플레이션의 원인이 수요측면과 공급측면에 있다는 것을 살펴보았다. 따라서 인플레이션의 치유책도 수요측면과 공급측면으로 나눌 수 있다. 먼저 총수요증가에 의해 야기된 인플레이션은 총수요를 진정시키는(즉 총수요곡선을 좌측으로 이동시키는) 경제정책을 펴야 한다. 이를 위한 정책으로는 소비절약 유도를 위한 정책, 정부지출의 축소 등을 들 수 있다.

한편 생산비 증가나 생산성 하락에 의해 공급이 감소되고, 이로 인해 야기된 인플레이션은 총공급을 촉진시키는(즉 공급곡선을 우측으로 이동시키는) 정책을 사용하여 인플레이션을 해소할 수 있다. 이를 위한 정책으로 임금과 물가상승을 규제하는 정책, 생산비를 낮추기 위한 경쟁촉진정책, 수입자유화와 관세인하를 통한 수입물가 하향 유도, 유통구조개혁 및 생산성 증가를 위한 각종 지원 등이 있다.

그러나 인플레이션이 발생할 경우, 정부가 경제에 적극적으로 개입해서 지금까지 설명한 안정화 정책을 적극적으로 사용해야 하는가에 대해 학자들 간의 견해가 다르다. 일반적으로 자유방임을 주장하는 고전파 경제학자들은 시장가격의 자동조절기능을 신뢰하기 때문에 정부가 시장에 개입하는 것을 반대한다.

인플레이션이 발생하여 물가가 오르면 실질임금(즉 명목임금/물가)이 떨어져서 실질소득이 줄고, 따라서 총수요를 위축시킨다. 반면에 실질임금의 하락으로 생산비가 감소하므로 총공급은 확대된다. 결국 경제 내 총수요가 감소하고 총공급은 증가하여 물가는 다시 떨어지게 된다.

이와 같이 경제가 스스로 조절하는데 시간이 많이 소요되지 않는다고 보는 것이 고전학파의 견해이다. 고전학파의 전통을 따르는 통화주의자들(monetarism)이 이러한 견해를 지지한다. 통화정책의 영향을 강조하는 통화주의자들은 인플레이션이 과도한 통화공급으로 야기되므로 중앙은행이 재량적으로 통화량을 늘리거나 줄이는 것보다는 일정한 비율로 통화량을 증가시키는 방법을 선호한다. 그렇게 되면 경제주체들이 경제에 대해 예측하는 것이 가능하므로 경제를 안정시킬 수 있다고 본다.

반면에 정부개입의 필요성을 강조하는 케인즈학파 경제학자들은 시장가격기구의 자동조절기능을 그다지 신뢰하지 않는다. 시장의 가격기구가 작동하는 데는 시간이 오래 소요되기 때문에 정부가 적극적으로 수요를 조절해야 한다고 본다.

이들이 시장의 가격기능이 신속하게 작동하지 못한다고 보는 첫째 이유는 잦은 가격변화가 메뉴비용을 발생시키기 때문이다. 예컨대 식당주인이 매일 음식가격을 바꾼다고 하자. 이렇게 되면 주인은 매일 메뉴에 요금을 고쳐야 하는 비용을 부담해야 할 뿐만 아니라 단골손님도 잃게 될 것이다. 그러므로 가격은 변화하지 않는다.

둘째 이유는 매매과정에서 수요자와 공급자는 가격변화를 원치 않아 장기계약(long-term contract)을 하는 경우가 많기 때문이다. 흔히 노동시장에서 임금교섭을 통해 결정된 임금수준은 일정기간 동안 고정된다. 노동시장의 인력수급에 따라 시시때때로 임금수준이 변하는 것이 아니라 다음 임금협상 때(보통 1년)까지 일반적으로 고정되어 있다. 그러므로 임금도 상품가격과 같이 자유롭게 변화하지는 않는다.

셋째 이유는 정부가 인위적으로 가격변화를 억제하는 경우도 있기 때문이다. 종종 정부는 인플레이션을 억제하기 위해 임금과 가격을 직접 통제하는 정책을 사용한다. 예를 들면 근로자의 생활안정을 위해 일정 수준 이하로 임금이 내려가지 못하게 하는 최저

임금제를 실시하기도 하고, 물가안정을 위해 공공요금을 일정기간 동안 올라가지 못하게 하는 가격통제를 실시하기도 한다. 이처럼 가격과 임금이 잘 변하지 않는다고 보기 때문에 케인즈학파 경제학자들은 시장을 내버려두기 보다는 정부가 적극적으로 개입하여 경제를 안정시켜야 한다고 주장한다.

3. 스태그플레이션

영국의 경제학자 필립스(A. W. Phillips)는 영국의 경제통계로부터 임금상승률과 실업률간에는 마이너스 상관관계가 있다는 사실을 실증적으로 증명하였다. 임금상승률이 낮으면 실업률은 높고, 임금상승률이 높으면 실업률은 낮다는 것을 발견하였다. 필립스는 이와 같은 관계를 좌표상에 표시하였는데, 그러한 좌표상의 곡선을 그의 이름을 따서 필립스곡선(Phillips curve)이라고 한다. 이는 물가안정과 완전고용이란 두 가지 목표를 동시에 달성할 수 없으며, 어느 한쪽을 달성하려면 다른 한쪽을 희생해야 한다는 것을 시사해 주고 있다.

이와 같은 필립스곡선은 많은 경제학자들에 의해 다양한 검증이 이루어져 왔으며 1960년대까지 현실경제상황을 잘 설명해 주었다. 그러나 1970년대를 지나면서 미국, 영국 등 선진국뿐만 아니라 우리나라에서도 인플레이션과 실업이 동시에 증가하는 이상 현상이 지속되면서 필립스곡선은 한계점을 노출시키게 되었다. 즉 경제가 침체하여 생산활동이 위축되고 고용이 현저하게 감소하였는데도 불구하고 인플레이션이 지속되는 소위 스태그플레이션(Stagflation)에 직면하였다.

1979년 제 2차 석유파동의 결과로 우리나라는 1979-1982년의 4

년 동안 혹독한 경제난국에 직면하였다. 유가의 급격한 상승으로 기업 생산비가 높아져 생산이 침체되었고 따라서 총공급도 감소하였다. 그러나 총수요는 그 전과 같은 수준이었으므로 생산과 고용이 현저히 감소하면서 물가가 급격히 상승하는 현상이 나타났다. 즉, 불황과 인플레이션이 동시에 나타났다. 1980년 실질 GNP 성장률은 -3.7%를 기록하였고 반면 소비자물가지수의 상승률은 무려 28.7%에 달하였던 것이다.

이러한 스태그플레이션은 오늘날 많은 나라가 겪고 있는 것이지만, 그러한 현상의 원인이나 대책에 대해서는 아직까지 명쾌하게 설명되지 못하고 있다.

4. 디플레이션

디플레이션(deflation)은 인플레이션의 반대 개념으로 경제 전반의 물가수준이 지속적으로 하락하는 현상을 지칭한다. 디플레이션의 측정은 일반적으로 소비자물가를 기준으로 하지만, 실제로 디플레이션이 발생할 경우에는 상품과 서비스품목만 포함하는 소비자물가 뿐 아니라 증권, 부동산 등 자산가격과 노동력의 가격인 임금 등도 함께 하락하는 것이 일반적이다.

본격적인 디플레이션이 시작될 경우 경제는 물가하락에 따른 기업의 수익성 악화 및 부도증가로 실업이 증가하고 임금이 하락해 결국 내수판매가 더욱 위축되어 가격이 다시 하락하는 악순환이 발생한다.

디플레이션에 대한 대책으로서는 긴축적 통화정책을 완화함과 동시에 내수위축이 더 이상 심화되지 않도록 적극적인 경기부양정책을 고려하여야 한다.

5. 실업

1) 실업의 의의

15세 이상 생산가능인구 중에서 주부, 학생 등 원래부터 직장을 가질 수 없거나 또는 직장을 가지려고 하지 않는 사람들인 비경제활동인구를 제외한 나머지를 경제활동인구(economically active population) 또는 노동력(labor force)이라 부르며 실제로 고용될 수 있는 노동자 수를 말한다. 경제활동인구를 생산가능인구로 나눈 값을 경제활동 참가율이라 한다.

한편 경제활동인구 또는 노동력은 취업자와 실업자로 구성되어 있다. 취업자란 고용에 관한 조사가 실시되는 1주일 동안 1시간 이상 수입이 있는 일에 종사한 사람이라고 규정되며, 실업자란 일자리가 없어 현재 직장을 찾고 있는 자로 정의된다. 따라서 현재 직장이 없다 하더라도 일할 의욕이 없는 사람은 경제활동인구에 포함되지 않으며 실업자로 분류되지도 않는다. 실업률은 실업자수를 경제활동인구로 나눈 값이 되며 일하기를 원하면서도 일자리를 찾지 못한 비율을 말한다.

실업(unemployment)이라 함은 노동할 의사와 능력을 가지고 있음에도 불구하고 취업의 기회가 없으므로 부득이 고용되지 못한 상태이다. 실업은 근대 자본주의의 보편화된 새로운 현상이라고 볼 수 있다. 실업은 개인적 입장에서나 사회적 입장에서나 커다란 문제이다. 개인적 입장에서 볼 때 실업은 물질적인 생존기반의 상실을 의미할 뿐 아니라 개인의 자존심을 크게 손상시켜 개인의 가정생활과 사회생활을 파탄으로 이끌어갈 지도 모른다.

사회적 입장에서 볼 때의 실업은 생산자원의 낭비일 뿐만 아니라 사회적 및 정치적 불안요소가 된다. 실업이 존재하면 그렇지 않을 때보다 국민총생산이 적어질 것이며, 실업된 노동력은 그 질이 퇴화될 뿐 아니라 빈곤으로 인해 범죄의 요인이 될 수도 있다.

2) 실업의 분류

실업은 취업할 의사의 유무를 기준으로 하여 비자발적 실업과 자발적 실업으로 구분되며, 실업은 그것이 표면에 나타나는 형태에 따라서 현재적 실업과 잠재적 실업으로 구분된다. 실업은 또 그 발생의 원인이 경제내부에 있는가 없는가에 따라 내재적 실업과 외생적 실업으로 나눌 수 있다.

(1) 취업의사 유무에 따른 분류

자발적 실업(voluntary unemployment)이란 현재의 임금수준 하에서 취업을 자발적 의사로 거부함으로써 발생하는 실업이다. 이러한 실업이 발생하는 이유는 일반적으로 노동조건에 대한 단체협약, 사회적 관습, 실업보험법 등을 지적하고 있으나 궁극적으로는 노동의 보수보다도 노동의 고통이 더 크기 때문에 노동하는 것을 거절한다. 자발적 실업은 개인의 의사와 책임에 따르는 실업이므로 경제학과 경제정책의 연구대상이 될 수 없다.

비자발적 실업(involuntary unemployment)이란 현행의 임금률로 고용될 의사를 갖고 있으나 유효수요의 부족으로 인해 취업의 기회를 얻지 못하여 발생하는 실업이다.

(2) 표면에 나타난 형태에 따른 분류

현재적 실업(visible unemployment)은 실업현황이 분명히 표면화된 것을 의미하며, 일반적으로 실업이라고 할 때는 이것을 의미한다.

반대로 잠재적 실업(invisible unemployment)은 표면적으로 보아 실업은 아니지만 노동자가 자기가 가지고 있는 생산력을 충분히 발휘하지 못함으로써 그가 받는 임금으로는 자기생활의 일부를 충족시키는데 불과한 반실업상태를 의미한다. 로빈슨(John V. Robinson)은 이 잠재적 실업을 위장실업(disguised unemployment)이라고 하였다.

(3) 경제구조의 특성과 경제외부 원인에 따른 분류

내재적 실업(endogenous unemployment)은 경제구조의 특수한 성격에 의하여 발생하는 것으로 경기적 실업, 기술적 실업 및 좁은 의미의 구조적 실업이 여기에 속한다. 외생적 실업(exogenous unemployment)의 발생원인은 경제외부에 있으며, 이 범주에는 계절적 실업과 마찰적 실업 등이 있다.

3) 경제학 및 경제정책의 대상인 실업

여러 형태의 실업 중 비자발적이며 그 원인이 경제구조의 특성 및 노동시장의 조정과정에서 나타나는 실업이 경제학 및 경제정책의 대상이 되는 데 이것은 다음 세가지로 나누어 볼 수 있다.

(1) 마찰적 실업

마찰적 실업(frictional unemployment)이라 함은 노동자가 고용기회에 관한 완전한 정보를 입수하지 못해 실업상태에 있는 것을 말한다. 고용기회에 관한 완전한 정보를 얻을 수 없는 한 마찰적 실업은 어느 사회, 어느 시대에도 존재할 것이다. 즉 사람들이 더 좋은 직장을 찾기 위해 잠시 쉬고 있다든가 또는 학교를 졸업하고 직장을 찾는 동안 발생한다. 따라서 마찰적 실업은 경제가 완전고용상태에 있을지라도 존재하는 것이다.

(2) 경기적 실업

경제불황의 근본적 원인이 어디에 있든 간에 그 불황의 직접적 원인은 유효수요 부족에 기인한다. 유효수요가 부족하기 때문에 불황이 되어 생산물이 판매되지 않으므로 기업은 생산을 감축해야 하고 따라서 노동자를 해고하게 된다. 이와 같이 경제불황이 닥쳐와서 발생하게 되는 실업을 경기적 실업(cyclical unemployment)이라 한다.

(3) 구조적 실업

전체 노동에 관한 수요, 공급이 균형을 이루고 있을 때라도 어떤 특정한 종류의 노동에 대하여 그 공급에 비하여 수요가 부족하다면 이러한 노동에 대한 수요, 공급의 불균형이 일어나 실업이 발생하게 된다. 즉 노동수급의 총량이 문제가 아니라 그 구조가 문제인 것이다. 소비자 기호의 변화, 기술변동, 신산업의 등장, 경제발전의 지역적 격차 등은 그 나라의 경제구조를 변화시키고 일자리의 형태나 직장 소재지도 변화시킨다.

따라서 새로운 직장은 옛날 직장과는 전혀 다른 기술과 훈련이나 주거지의 이전을 요구하게 되는데 노동자들이 이에 신속하게 적응할 수 없을 때 구조적 실업(structural unemployment)은 불가피하다. 이와 같은 종류의 실업은 노동자들이 새로운 기술을 습득하고 새로운 환경에서 사는 법을 배울 때까지 쉽게 해결되지 않으며 마찰적 실업이나 경기적 실업보다 장기간 지속되는 것이 보통이다.

4) 실업대책

실업은 개인적 입장에서나 사회적 입장에서나 커다란 해악이 될 수 있다. 그래서 대부분의 국가에서 정부는 실업해소를 위한 여러 가지 정책을 개발하고 있다. 마찰적 실업이나 계절적 실업은 단기간에 쉽게 해결할 수 있는 것이 아닐 뿐 아니라, 정부의 정책으로도 그다지 큰 효과를 거두기 어렵기 때문에 실업에 있어서 그다지 큰 문제가 되지 않는다. 사실 실업에 있어서 큰 문제가 되는 것은 경기적 실업이나 구조적 실업이다. 왜냐하면 이들 경기적 실업이나 구조적 실업은 정부의 정책이 유용할 수 있으며, 또한 개인적으로도 해소해야 하는 실업이기도 하기 때문이다. 그러면 우선 경기적 실업을 중심으로 생각해 보기로 하자.

경기적 실업은 유효수요 부족에 기인하므로 경기적 실업을 해소하기 위해서는 통화량을 증가시키는 확대금융정책과 정부지출을 증가시키거나 조세를 감면하는 확대재정정책을 사용하여 총수요를 추가로 창조하는 방안이 있다. 그러나 총수요의 증가는 경기가 회복되어 경기적 실업은 어느 정도 해결할 수 있지만 물가상승이라는 결점을 가지고 있다.

한편 전체 노동에 대한 수요와 공급이 일치한다 하더라도 노동의 직능과 질의 차이에 의해 어떤 특정한 종류의 노동에 대한 수요부족으로 발생하는 구조적 실업을 해소하기 위해서는 총수요관리정책이 아닌 인력정책을 사용해야 한다. 인력정책이란 노동력의 수요구조의 변화에 부합하도록 노동력의 공급구조를 변화시켜 나가는 정책을 말한다. 인력정책의 구체적인 내용으로 직업소개와 직업보도, 노동수요와 공급에 대한 종합적인 정보제공, 교육훈련 및 재훈련, 장래의 경제 각 부문별 노동수요예측 등이 있다.

제4장 국제무역론

1. 국제경제의 특수성

국제경제의 올바른 이해를 위해서는 먼저 국제경제가 어떤 특수성을 가지고 있는가에 대해 살펴 볼 필요가 있다. 국제경제활동의 주축이 되는 국제무역은 재화의 교환이 서로 다른 나라 간에 이루어지는 것이다. 물품의 교환을 통하여 교환당사자들에게 이익이 발생하는 것은 그 교환이 국내에 있어서나 국경을 넘어서 이루어질 때 전혀 다를 바가 없다.

그러므로 국제경제의 원리는 일반경제의 원리와 전혀 다른 이질적인 이론이 아니다. 그러나 국제경제이론이 경제이론의 다른 부문과 구분하여 취급되고 있는 것은 다음과 같은 특수성을 가지고 있기 때문이다.

첫째, 국내에 있어서는 생산물과 생산요소의 이동이 매우 자유롭고 적어도 법적 내지 제도적 제한은 없다. 그러나 국제간의 경제교류는 생산물의 이동이 주를 이루고 노동이나 자본의 이동은 매우 제한되어 있다. 물론 근래에 와서 다국적 기업의 해외진출과 국제금융시장의 발달 등이 자본의 국제적 이동성을 반영하고는 있으나, 생산요소 특히 노동의 국제간 이동은 국내에 있어서 만큼 자유롭지 못한 것이 사실이며, 이로 인해 국제무역이론은 국내 교환활동과는 다른 특수한 일면을 가지고 있다.

둘째, 국내거래는 단일 정부의 통치권 안에서 이루어지나, 국제무역은 항상 여러 나라 정부가 관련되어 있다. 적어도 원칙적으로는 정부의 역할은 자국민의 복리증진에 있으므로 국내 상거래를 보호·육성하고 이를 저해하는 제도나 행위를 금지한다. 그러나 국제무역에 대해서는 각국 정부의 입장이 꼭 이와 같은 것은 아니다. 오히려 여러 가지 이유로 자국민의 이익을 도모하기 위해 각국 정부의 무역제한조치가 빈번히 시행되고 있다. 따라서 다른 나라와 무역을 하고자할 때, 무역 상대국의 법률, 제도, 정책 등을 고려해서 자국의 무역정책을 수립해야 한다.

셋째, 국제간의 거래는 당사자들이 서로 다른 통화단위를 사용해야 하기 때문에 국내 상거래보다는 그만큼 더 복잡하다. 서로 다른 자국 고유의 통화를 사용하므로 무역거래를 하게 되면 대금결제상의 통화문제와 환율문제 등이 발생하게 된다. 뿐만 아니라 서로 다른 경제의 교류는 국민경제에 대해 국제수지 문제를 야기시킨다.

2. 국제무역의 원리

국제무역이란 서로 다른 국가간에 재화나 용역을 교환함으로써 자국의 이익을 증대시키는 행위를 말한다. 우리는 흔히 교역은 동등한 가치를 가진 물품의 교환이라고 생각한다. 그러나 이는 사실과는 다르다. 오히려 사람들이 정확한 지식을 가지고 자발적으로 교역을 할 때는 교역 쌍방은 모두 자기가 제공한 물품보다 자기가 받은 물품이 각자에게 더 큰 가치가 있기 때문에 물품을 교환한 것이다. 그렇지 않다면 자발적으로 거래에 응하지 않았을 것이기 때문이다. 그러므로 교환행위는 거래 상대방 모두에게 이익을 가져오며 이것은 나아가 사회 전체적으로 이익을 발생시키는 경제행위이다.

그러면 왜 물품의 교역이 일어나고 그에 따른 이득이 발생하는가? 이는 우리 모두가 서로 다르기 때문이다. 그 가운데서도 특히 중요한 것은 각자의 특기가 달라 특화함으로써 이득을 볼 수 있다는 데 있다. 그리고 모든 사람이 모든 것을 자급하는 대신 그들의 특기를 잘 발휘할 수 있는 생산활동에 종사하고 교환함으로써 모두 다 이익을 볼 수 있다는 것이 가장 중요한 교환의 이유이다. 각 개인의 특기가 다르면 다를수록 분업 및 교환의 필요가 커진다. 물품의 교환은 거래 상대방의 특성이 다르기 때문에 일어나고 또 그 차이가 클수록 분업을 하고 교환을 함으로써 얻어지는 이득은 더 커진다. 그러면 이와 같은 국가 간 교역이 어떻게 하여 발생하는가를 보기로 하자.

1) 아담 스미스의 절대생산비설

국가간 무역에 깊은 관심을 가졌던 사람들은 15-18세기 유럽국가들의 중상주의자들이었다. 중상주의자들은 금이나 은 또는 귀금속 등을 매우 중요시했는데 그 이유는 그러한 귀금속이 곧 국가의 부라고 생각했기 때문이다. 따라서 그들의 관심은 어떻게 하면 부를 증대시킬 수 있을까에 쏠려 있었는데, 그 방법은 국가간의 무역을 통하여 수출을 증가시키고 수입을 줄여서 무역차액을 가능한 한 크게 하는 것이었다. 이 경우 국가 간 무역은 제로 섬 게임으로 한 나라의 이익은 그 나라와 거래하는 다른 나라의 손실이며, 이익과 손실을 합하면 영이 된다는 것이었다.

중상주의는 나라를 부강하게 하기 위하여 수출을 많이 하여 금·은 등의 귀금속을 모으고 수입은 적극 억제하여 금·은 등의 유출을 억제하는 강력한 보호무역주의를 표방하였다.

이러한 중상주의의 일방적인 보호무역에 반기를 들고 국가간에 무역을 하면 오히려 교역당사국들이 모두 이익을 보게 된다는 자유무역주의를 최초로 이론적으로 설명한 것이 바로 아담 스미스의 절대생산비설(또는 절대우위설)이다.

〈표 4-1〉 한국과 미국 간의 생산비 비교

국 명	상품 단위당 노동투입량	
	직물 1단위	밀 1단위
한 국	5	6
미 국	7	3

한국과 미국 간의 직물과 밀의 생산에 있어서 유일한 생산요소는 노동뿐이라고 가정한다면 <표 4-1>에서 나타나듯이 한국은 직물 1단위를 생산하는데 5명의 노동과 밀 1단위를 생산하는데 6명의 노동이 필요한 반면 미국은 직물과 밀에 각각 7명과 3명의 노동이 필요하다. 스미스에 의하면 이 경우 한국은 직물 1단위를 미국보다 2명이 적은 노동으로 생산할 수 있고, 반면에 미국은 밀 1단위를 한국보다 3명이 적은 노동으로 생산할 수 있다.

따라서 한국은 직물생산에 절대 우위가 있고 미국은 밀 생산에 절대 우위가 있다고 한다. 스미스는 이 경우 한국은 직물생산에 특화하고 미국은 밀 생산에 특화하여 양국 간에 교역을 하면 두 나라 모두에게 이익이 된다는 것이다.

이제 스미스의 절대생산비설에 따른 두 나라간의 무역에 의한 이익을 살펴보자. 먼저 한국은 직물생산에 특화하게 되므로 총 11명의 노동(전체 노동력을 11명이라고 가정)을 직물생산에 투입하면 직물 2.2단위를 생산할 수 있다.

미국의 경우 총노동력 10명(전체 노동력을 10명으로 가정)을 밀생산에 투입하면 밀 3과 1/3단위를 생산할 수 있다. 이 경우 한국은 절대우위를 가지는 직물만 생산하고 미국은 절대우위를 가지는 밀만 생산하여 두 나라가 무역을 하면 모두 이익을 볼 수 있다는 것이 스미스의 절대우위론이다.

여기서 한국과 미국간에 직물 1단위와 밀 1단위가 1:1로 교환될 수 있다고 가정하고 두 품목의 교역에서 운송비를 무시하자. 한국의 경우 미국과의 무역이전에는 11명의 노동을 직물과 밀생산에 투입하여 각각 1단위씩 생산한다. 따라서 국내소비도 밀 1단위와 직물 1단위가 된다. 반면에 미국은 10명의 노동으로 직물 1단위와 밀 1단위를 생산하고 소비하게 된다. 이제 두 나라가 무역을 하게 되면 절대우위가 있는 품목에 특화하여 생산하게 되는데 이때 한국은 직물생산 그리고 미국은 밀생산만 하게 된다.

먼저 한국의 경우를 보자. 한국은 11명의 노동을 직물생산에 투입할 때 2.2단위의 직물을 생산할 수 있다. 그 중 직물 1단위를 미국에 수출하고 그 대신 밀 1단위를 수입한다. 한국의 국내소비는 직물 1.2단위와 밀 1단위가 되는데 무역을 하기 전보다 직물 1/5단위를 더 소비할 수 있으며 이것이 곧 무역에 의한 이익이다.

미국의 경우도 무역의 이익이 발생하는데 그것은 증가한 밀 1과 1/3단위의 소비이다.

2) 리카도의 비교생산비설

리카도는 스미스의 절대생산비설보다 한층 발전된 비교생산비설을 전개하였다. 미국이 한국에 비해 밀 생산뿐 아니라 직물생산에 있어서도 절대우위를 가지고 있다 하더라도 그 우위성의 정도의 차이가 있다면 한미 양국간의 무역이 이루어질 수 있고, 무역을 하게 되면 양국은 이득을 보게 된다. 미국은 그 우위성이 비교적 큰 생산물 생산에 특화하고, 한국은 직물과 밀생산에 있어서 모두 다 절대열위에 있다 할지라도 열위의 정도가 비교적 작은 생산물 생산에 특화해서 한미 양국이 상호 무역을 하게 되면 한미 양국은 상호 이득이 된다.

리카도는 비교생산비설을 전개함에 있어서 노동만이 유일한 생산요소이며 생산요소의 국제간 이동이 전혀 없으나 생산물은 자유로이 이동할 수 있다고 가정하였다.

한국과 미국 두 나라가 각각 직물과 밀 두 가지 재회만 생산한다고 가정하고, 또 양국에 있어서 두 재화의 1인당 생산비를 나타내는 노동투입량이 <표 4-2>와 같다고 가정하자.

〈표 4-2〉 한미 양국의 생산비 비교표

노동투입량(생산비)

상품	한국	미국
밀	8명	1명
직물	4명	2명

한국은 직물 1단위를 생산하는데 노동 4명이 소요되고, 밀 1단위를 생산하는 데는 노동 8명이 소요된다. 그런데 미국은 직물 1

단위 생산에 노동 2명이 소요되고, 밀 1단위 생산에 노동 1명이 소요된다. 그러면 미국은 직물생산에 있어서나 밀 생산에 있어서나 모두 한국보다 절대적 우위에 놓여 있다. 이러한 경우 얼핏 생각하면 미국은 직물이나 밀 모두를 자국에서 생산하는 것이 유리하다고 생각될지 모른다. 그러나 미국도 우위의 정도가 큰 밀생산에 특화해서 한국과 무역을 하게 되면 이익을 얻을 수 있다.

한국의 생산비를 기준으로 하였을 때 미국의 직물생산비의 비는 2/4=1/2이지만, 밀생산비의 비는 1/8이다. 그러므로 미국은 밀생산의 경우 우위의 정도가 더 크므로, 즉 비교우위에 있으므로 밀생산에 특화하는 것이 좋다. 반대로 미국의 생산비를 기준으로 하였을 때 한국의 직물생산비의 비는 4/2=2이고, 밀생산비의 비는 8/1=8이다. 그러므로 한국은 두 재화의 생산에 있어서 모두 절대적 열위에 있지만 직물생산에 있어서 열위의 정도가 낮다. 즉 직물생산이 비교우위에 있으므로 직물생산에 특화하여 미국에 직물을 수출하고 미국으로부터 밀을 수입하는 것이 유리하다.

이상과 같이 각국은 비교우위에 있는 재화의 생산에 특화하여 상호무역을 하게 되면 일정량의 자원을 사용해서 더욱 많은 재화를 얻을 수 있게 된다.

3) 핵셔-올린의 정리와 레온티에프 역설

(1) 핵셔-올린의 정리

리카도의 비교생산비설은 비교우위의 원인이 각국의 생산비의 차이에 있다는 것을 설명하고 있으나, 생산비의 차이가 발생하는 원인에 대해서는 핵셔(Heckscher)와 올린(B. Ohlin)이 각국 간의 생산함수와 수요구조가 동일하다고 하더라도 생산요소 부존량에 차이가 나면 상품생산에 투입된 생산요소 집약도에 차이가 나서 비교생산비의 차이가 발생한다는 것을 처음으로 지적하였다.

즉, 비교우위의 원인은 국가별 생산요소 부존량의 크기와 생산요소 집약도의 차이에 있다고 분석한 무역이론이 핵셔-올린 정리(Heckscher-Ohlin theorem)이다. 핵셔-올린 정리는 다음과 같은 아홉 가지 가정을 하고 있다.

① 2국-2재-2요소의 구조를 고려한다.
② 양국 간의 생산기술, 즉 생산함수가 동일하다.
③ 생산기술은 규모에 대한 수확불변(constant returns to scale)을 만족시킨다.
④ 의류의 생산은 언제나 기계생산보다 노동집약적인 생산방법을 사용한다. 이는 기계생산은 언제나 의류생산보다 자본집약적인 생산방법을 사용한다는 것을 의미한다.
⑤ 완전특화는 이루어지지 않는다. 즉, 한 나라가 한 가지 재화만 생산하는 일은 없다.
⑥ 생산물시장과 생산요소 시장이 완전경쟁 상태에 있다.
⑦ 국가 간의 생산요소의 이동이 없다.
⑧ 양국 간의 기호 패턴에 큰 차이가 없다. 즉, 양국 간의 수요의 패턴이 같다.
⑨ 양국 간의 무역은 자유롭게 이루어지며 국제화물운송에서 운송비는 없다.

이러한 가정 하에서 핵셔-올린 정리는 다음의 두 가지 명제를 제시하고 있다. 첫째, 무역 당사국 각각이 상대적으로 풍부한 생산요소를 많이 사용하여 생산되는 상품에 비교우위가 있다. 예컨대 한국은 노동이 상대적으로 풍부하므로 노동을 많이 필요로 하는 직물생산에 비교우위가 있고, 미국은 토지가 풍부하므로 토지를 많이 필요로 하는 농작물 생산에 비교우위가 있다는 것이다.

둘째 명제는 생산요소가 한 나라에서 다른 나라로 이동하지 않더라도 그 생산요소를 사용해서 만든 상품이 국제무역에 의하여 생산요소의 상대가격이 국제간에 같게 되는 경향이 나타난다는 것이다. 이것을 요소가격 균등화 정리(factor price equalization theorem)라고 한다.

예컨대 한국은 노동집약적인 직물생산에 특화함으로써 노동에 대한 수요가 증가하게 되고 따라서 임금이 상승하며, 미국의 경우 토지에 대한 수요의 증가로 지대가 상승하게 될 것이다. 따라서 한국의 임금수준은 미국의 임금수준과 같아질 것이며 미국의 지대는 한국의 지대와 같게 될 것이다.

(2) 레온티에프 역설

핵셔-올린 정리의 첫 번째 명제에 따르면 자본이 상대적으로 풍부한 나라는 자본집약적 상품을 수출하고 노동집약적인 상품을 수입하게 된다. 미국의 경우 자본이 풍부한 나라이기 때문에 자본집약적인 상품을 수출하고 노동집약적인 상품을 수입할 것이다.

그런데 미국의 경제학자 레온티에프(W. Leontief)는 미국의 자료를 분석한 결과 핵셔-올린 정리의 첫 번째 명제와는 정반대의 사실을 발견하였다. 레온티에프는 1947년의 미국 산업연관표를 이용하여 100만 달러의 수출상품을 생산하는데 필요한 노동량과 자본량을 계산하고 동시에 100만 달러 수입상품을 수입하지 않고 자국에서 생산할 경우에 필요한 노동량과 자본량을 계산해 본 결과 100만 달러의 수입상품을 국내에서 생산하는 것이 100만 달러의 수출상품을 생산하는 것보다 자본량을 상대적으로 더 필요로 하는 것을 발견하였다.

즉, 다른 나라에 비해 상대적으로 자본이 풍부하다고 생각되는 미국이 핵셔-올린 정리의 첫 번째 명제와는 반대로 자본집약적인 상품을 수입하고 노동집약적인 상품을 수출한다는 사실을 발견하였다. 이것을 레온티에프의 역설(Leontief paradox)이라고 한다. 레온티에프는 이러한 결과에 대한 원인을 미국 노동자들의 높은 생산성에서 찾고 있다. 즉, 미국노동자의 생산성이 다른 나라에 비해서 상대적으로 높기 때문에 미국이 양적으로 볼 때는 자본집약국이지만 생산성으로 볼 때는 노동집약국이라는 것이다.

3. 무역 패턴의 신이론

1) 대표적 수요이론

린더(S. B. Linder)의 대표적 수요이론(representative demand theory)에 의하면, 1차 산품들 간의 무역(밀과 면화의 무역)이나 1차산품과 공산품 간의 무역(밀과 직물간의 무역)은 핵셔-올린 정리에 의해 무역패턴을 설명할 수 있지만, 공산품 간의 무역은 새로운 이론에 따라야 한다고 주장한다.

린더는 공산품 간 무역량은 무역거래국의 수요패턴이 유사할수록 많아진다는 명제를 제시하고 있다. 1인당 국민소득수준이 유사하면 유사할수록 두 국가 간의 수요구조는 유사해지고, 수요구조가 유사해지면 유사해질수록 무역량은 많아진다는 것이다.

어떤 상품이 수출가능성을 가지기 위해서는 우선 그 상품이 국내에서 생산되고 수요 되어야 한다. 그래서 국내수요를 바탕으로 하여 그 상품이 저렴하게 생산되기 시작하면, 그 국내수요와 유사한 수요패턴을 가진 해외국가로 수출하게 된다는 것이다. 그러므로 국내시장의 수요가 가장 큰 재화가 수출가능성이 가장 많은 재화로 등장하게 된다.

2) 연구·개발요소이론

연구·개발요소이론(theory of research and development factor)을 간단히 표현하여 R&D이론이라 하는데, 이 이론에 따르면 오늘날 선진국의 무역패턴은 주로 연구·개발요소에 의해 결정된다.

그루버(W. Gruber)와 키싱(D. B. Keesing)의 연구결과에 따르면, 미국의 경우는 연구·개발 종사자와 같은 고급노동자가 많이 투입되는 산업일수록 국제경쟁력이 강하고, 따라서 그 산업의 제품수출이 큰 비중을 차지하게 된다는 것이다.

3) 기술격차론

기술격차론(theory of technological gap)은 특히 선진공업국이 가지는 비교우위의 패턴을 설명하는 이론이다. 포스너(M. V. Posner)에 따르면, 고도로 발전된 선진국들간에 공산품 무역이 이루어지는 것은 생산기술의 혁신으로 인해 기술격차가 각종 산업에 불규칙적으로 일어나서 그것이 비교생산비의 차이를 발생시키기 때문이다. 따라서 한 나라의 수출은 타국이 이러한 기술을 모방할 때까지 계속된다는 것이다. 이 이론은 생산의 지위가 신기술의 모국으로부터 그러한 신기술을 모방하는 외국으로 이전하게 됨을 말해주고 있다.

이 이론이 학계에 기여하는 바는 동태적인 측면을 파악한 데 있다. 즉 기술혁신으로 기술격차가 나타나게 되면, 비교우위가 발생하여 수출이 있게 된다. 그러나 곧 그러한 기술을 저임금국가가 모방하게 되면 수출입 패턴은 역전하게 된다는 것이다. 즉 부메랑

효과가 나타나게 된다는 것이다.

4) 제품사이클론

제품사이클론(product life cycle)은 상품도 생물의 생애와 같이 신제품이 수출되기 시작하여 점차 수출량이 늘어나다가 어떤 일정 단계에 가서는 수출규모가 고정화되고, 그것이 또 일정 기간 계속하게 되면 대체상품의 출현으로 수요가 급속히 감퇴되어 드디어는 수출이 중지된다는 킨들버거(C. P. Kindelberger), 허시(S. Hirsch) 등의 이론이다.

어떤 제품이 선진국에서 개발되어 수출되기 시작하면, 처음에는 그 제품의 기능을 해외 수요자들이 널리 이해하지 못해서 수출은 아주 완만하게 증대된다. 이것이 그 제품의 도입기(introduction stage)이다. 그러나 일정 기간이 지나면 생산면에서는 대량생산이 기능해져서 생산비가 인하되고, 수요면에서는 제품의 기능이 알려져 그 수요 즉 수출이 급속히 늘어난다. 이것이 성장기(growth stage)이다. 그러한 기간이 지나고 나면 수출규모는 고정화한다. 그것은 수출시장이 거의 포화상태로 되었기 때문이다. 이러한 단계가 성숙기(maturity stage) 이다.

성숙기가 지나고 나면 대체상품의 출현으로 수요가 급속히 감소한다. 그리하여 수출이 감소하다가 드디어 중지되고 만다. 이것이 감퇴기(decline stage)이다. 이 감퇴기에 나타나는 대체상품은 일반적으로 중진국이 선진국의 생산기술을 모방해서 만들어낸 상품들이다. 그러므로 각국이 취해야할 생산·수출전략은 사양산업을 재빨리 후속국으로 넘기든가(모방시키든가), 제품 사이클을 확대 연장하기 위해 해외의 후속국에 자회사 또는 지사를 설립(해외투자)하는 것이다.

이 제품사이클론은 R&D론과 기술격차론을 포괄하고 있고, 또 동태적인 무역과정을 설명하고 있다는 장점을 가지고 있다.

5) 산업내 무역이론

무역을 흔히 우리는 산업간 무역(inter-industry trade)과 산업내 무역(intra-industry trade)으로 구분한다. 산업간 무역은 문자 그대로 산업과 산업 사이에 발생하는 무역을 말한다. 예컨대 전자제품과 방직물 간의 교환은 산업간 무역이다. 그러나 같은 산업 내에서도 무역이 이루어짐을 볼 수 있다. 즉 동일한 자동차산업이라도 어떤 종류의 자동차는 수입되지만, 또 다른 종류의 자동차는 수출되는 사례를 흔히 보게 된다. 이러한 경우가 바로 산업 내 무역이다.

산업내 무역이 발생되는 사례를 그 원인별로 보면 크게 3가지로 볼 수 있다. 첫째는 수직적·수평적 제품차별화이다. 그러나 보통은 제품차별화가 산업내 무역의 가장 강력한 필요조건이 된다. 이는 어떤 제품이 모든 측면에서 동일한 특성을 지닌 동질 제품인 경우 산업내 무역 발생의 여지는 없기 때문이다. 이 때는 오로지 산업간 무역만이 가능하게 된다.

산업내 무역의 또 다른 필요조건으로는 교역국간의 소비구조가 유사해야 한다는 점이다. 소비구조가 전혀 다른 경제간에는 산업내 무역의 발생을 기대하기 어려울 것이다. 한편 경제의 소비구조는 소득탄력성의 영향을 받게 됨을 고려할 때 소득수준이 유사한 경제간의 산업내 무역이 발생할 것으로 생각할 수 있다. 그러므로 산업내 무역은 선후진국간의 무역구조보다는 선진국간 또는 후진국간의 무역구조를 설명하게 된다.

한편 산업내 무역은 흔히 Grubel-Lloyd의 지수로서 측정된다. 이 지수는 어느 한 산업 n의 총교역액에서 n 산업의 순수출의 절대치를 뺀 액수를 n 산업의 총교역액에 대한 백분비률로 표시한 것이다. 이를 다음과 같이 나타낼 수 있다.

$$Gn=\frac{(En+Mn)-(En-Mn)}{(En+Mn)}\times 100 \qquad (4\text{-}1)$$

여기서 Gn은 산업내 무역지수를, En과 Mn은 n산업의 총수출 및 수입액을 나타낸다. Gn 지수는 0과 100 사이에 있게 되며, 산업내 무역이 없는 경우에는 0이 된다. 이 산업내에 수출입이 동일한 경우에는 En=Mn이 되어 Gn=100이 된다. 즉 산업내 무역이 클수록 Gn 지수는 커지게 된다.

6) 산업입지이론

국제무역이 발생하는 원인으로 산업이 입지하고 있는 공간적 조건이 문제가 될 경우가 있다. B. Ohlin은 지역적 인접성이 강할 때 무역의 가능성이 높다는 사실에서 국제무역을 지역간 교역으로 파악하고자 하였다. 지리적 인접성이란 요소는 단순히 수송비를 절약하는 차원이 아니라 공간(space)이라는 제약을 해소할 수 있는 중요한 요소이다. 말하자면 지리적 인접성은 경제적 요인 외에 사회·문화·정치적으로 시장접근을 가능하게 하여 교역을 증대시키는 역할을 한다는 것이다.

역사적으로 미국의 오대호 지방은 철과 석탄의 입지로서 공업화가 일찍부터 추진되었을 뿐 아니라 캐나다와의 무역이 매우 활발했던 지역이다. 오늘날까지 미국·캐나다간 교역의 중심은 이 지역이 되고 있다는 점은 공간적 요소가 국제무역에 중요한 역할을 한다는 것을 시사하고 있다. 뿐만 아니라 유럽의 Boden See(보덴호

수) 주변국간의 교역, 베네룩스 국가와 독일 서북지방간의 교역, 스위스와 서남 독일 및 남중부 프랑스와의 시장통합은 모두 이러한 원인에 의한 것으로 보아야 한다.

산업입지론은 국경을 인접하고 있는 유럽국가의 교역을 설명하는데 매우 유익하며 아세안이나 동아시아의 교역 증가를 설명하는데도 도움이 된다. 오늘날 경제통합을 설명하는 이론으로 산업입지론이 거론되고 있는 것은 공간을 하나의 무역요소로 보았다는데 있다.

4. 교역조건

1) 교역조건

교역조건(terms of trade)이란 수출·수입 상품의 교환비율을 말한다. 교역조건은 일반적으로 수입상품수량을 수출상품수량으로 나눈 값으로 표시하거나 아니면 수출상품가격을 수입상품가격으로 나눈 값으로 나타낸다. 따라서 교역조건은 수출상품 1단위가 수입상품 몇 단위와 교환되는가를 나타낸다고 할 수 있다.

예컨대 교역조건이 1보다 크면 수출상품 1단위로 수입상품 1단위 이상 구입할 수 있음을 의미한다. 따라서 교역조건이 1보다 크면 자국에 유리하다고 하고 1보다 작으면 불리하다고 한다. 이를 수식으로 나타내면 다음과 같다.

$$\text{교역조건} = \frac{\text{수입상품수량}}{\text{수출상품수량}} = \frac{\text{수출상품가격}}{\text{수입상품가격}} \qquad (4\text{-}2)$$

교역조건은 환율의 변동에 영향을 받는다. 예컨대 환율이 인상되면(평가절하) 수출상품가격은 하락하고 수입상품가격은 상승하기 때문에 교역조건이 악화된다. 만약 환율이 1달러=800원에서 1달러=1,000원이 되면 8천원짜리 수출품 가격은 10달러에서 8달러로 하락하게 된다. 반면에 수입품의 경우 10달러짜리 수입품의 국내가격은 8,000원에서 10,000원으로 상승하게 된다.

그러나 환율의 상승으로 수출품의 가격은 하락하고 수입품의 가격은 상승하므로 수출은 증가하고 수입은 감소하여 무역수지는 개선된다. 즉, 교역조건이 악화되었을 때 무역수지가 악화되는 경우는 수출입의 물량이 변하지 않는다는 가정하에서만 가능하다. 앞에서 교역조건이란 수출상품과 수입상품의 가격비라고 하였는데 한 나라의 수출입상품은 여러 가지 상품이 포함된다. 따라서 수출입상품가격을 여러 가지 상품에 대하여 계산한 수출물가지수와 수입물가지수로 대체하여 계산한다. 즉

$$\text{교역조건} = \frac{\text{수출물가지수}}{\text{수입물가지수}} \tag{4-3}$$

로 나타낸다. 이것이 곧 일반적으로 말하는 교역조건이다.

2) 교역조건의 변동

(4-3)에서와 같이 교역조건은 실제로 수출상품과 수입상품이 다양하므로 수출입상품가격을 여러 상품에 대하여 종합적으로 계산한 수출물가지수와 수입물가지수의 비율로 나타낸다.

교역조건의 변동을 가져오는 요인으로는 다음과 같은 것을 지적할 수 있다.

첫째, 국제수지의 악화를 타개하기 위하여 덤핑, 환율인상 등을 강행하게 되면 교역조건은 악화된다. 예컨대 수출상품 1단위의 국내가격이 1,600원이고 수입상품 1단위의 국제가격이 2달러이며 달러화 대 원화의 교환비율이 1:800이라면, 교역조건(=1,600/1,600=)1이 된다. 즉, 이것은 수출상품 1단위와 수입상품 1단위가 교환됨을 의미한다. 그런데 환율이 1달러=1,000원으로 오르게 되면 교역조건은 0.8(=1,600/2,000)이 되어 수출상품 1단위와 수입상품 0.8단위가 교환되므로 교역조건은 악화된다고 할 수 있다. 반면에 환율인하는 교역조건을 개선하게 될 것이다.

둘째, 교역조건은 세계시장에서의 수요·공급사정에 의해서 영향을 받게 된다. 경제성장의 결과로 소득이 증대하게 되면 재화에 대한 수요가 늘어나고 특히 공산품의 소득탄력도가 농산물의 그것보다 크기 때문에 공산품의 가격이 상대적으로 더 빨리 증가하므로 공산품에 대한 농산물의 교역조건은 장기적으로 보아 불리해진다.

셋째, 경기순환과정이 교역조건에 영향을 미친다. 특히 농산물에 대한 수요와 공급은 비탄력적이기 때문에 경기상승기에는 교역조건이 농업국에 유리하게 되고 경기침체기에는 교역조건이 농업국에 불리하게 된다.

지금까지 논의는 상품교역조건에 관한 것이었다. 교역조건에 있어서 또 하나의 개념으로 소득교역조건(income terms of trade)이 있다.

$$\text{소득교역조건} = \frac{\text{수출물가지수}}{\text{수입물가지수}} \times \text{수출수량지수} \qquad (4\text{-}4)$$

수입물가지수에는 아무런 변동이 없는데 국내 생산기술의 발달로 인하여 수출상품의 생산비가 인하되어 상품의 가격이 하락하면 상품교역조건이 악화될 수 있다. 그러나 수출이 동시에 늘어나서 수출수량지수는 높아질 것이므로 소득교역조건은 유리해질 수 있다. 따라서 생산기술향상에 따른 상품교역조건은 악화되더라도 소득교역조건은 개선될 수 있으므로 국가경제적으로 바람직하다 할 것이다.

제5장 국제수지와 환율

1. 국제수지와 그 균형

1) 국제수지와 국제수지표

국제수지(balance of payments)란 일정기간내 행해진 한 나라의 거주자와 그 나라 이외의 모든 나라의 거주자(비거주자)간의 경제거래를 총괄한 것을 말한다. 그리고 국제수지표는 국제수지를 복식부기에 의해 작성한 표를 말한다. 국제수지표에 계상되는 각종 경제거래는 경상계정(current account), 자본계정(capital account), 그리고 금융계정(financial account)의 3종류로 구성되어 있다.

자본계정의 거래는 일국의 거주자와 타국의 거주자에 대하여 갖는 채권, 채무 및 타국내에 소유하는 자산의 변화를 수반하는 거래이다. 단, 외화의 증감은 금융계정에 속하는 것으로 취급한다.

금융계정은 국제결재에 사용되는 금, 외화 및 통화당국의 대외단기채무의 변화를 기록한다. 경상계정에는 자본계정 및 금융계정에 포함하는 거래 이외의 모든 거래가 포함된다. 경상계정의 거래는 재화 및 용역의 수출 및 수입, 이전지불의 두 종류로 대별된다. 전자는 상품의 수출입과 보이지 않는 무역으로 불리어지는 각종 용역의 거래를 포함하며, 후자는 민간의 증여, 해외의 이민으로부터 고향의 가족에게 송금, 배상, 정부원조 등 대가를 수반하지 않는 일방적인 소유권의 이전이다.

국제수지표의 주요 구성항목을 정리하면 <표5-1>과 같다. 표에서 볼 수 있듯이 경상계정은 무역수지, 무역외수지 및 이전수지로 구성된다. 무역수지에는 상품의 수출·수입이 포함된다. 예를 들면, 운임, 수수료, 관광 등 여러 가지 서비스에 대한 수취 및 지급이 포함된다. 이전거래에는 민간이나 정부 및 국제기관과 발행되는 모든 증여가 포함된다. 그리고 자본계정에는 해외투자의 유출입과 차관 등의 자본이동을 기입하는데 상환기간에 따라 단기자본수지와 장기자본수지로 나누어진다.

2) 국제수지의 균형

국제수지표의 모든 항목을 선의 위쪽의 항목과 선의 아래쪽의 항목의 두 종류로 대별하여, 전자에서의 수취·지불의 합계가 일치할 때를 균형, 수취초과를 흑자, 지불초과를 적자라고 정의하고 있다. 경상계정은 선의 위쪽으로 되어 있으며, 자본계정은 선의 아래쪽에 있다. 경상수지(balance on current account)가 균형을 이루고 있을 때는 선의 아래쪽의 자본계정·금융계정의 지불과 수취도 균형되어 있으므로 그 나라의 국제대차 포지션(international indebtedness)은 변화하지 않는다. 기초수지(balance on basic transaction)란 경상수지와 장기자본수지를 합계한 것으로 단기자본계정과 금융계정을 선의 아래쪽으로 하는 사고방법이다. 종합수지(over-all balance)란 일반적으로 기초수지에 민간단기자본거래의 대부분과 오차탈루를 선의 윗부분에 포함시킨 개념이다.

국제수지의 균형에 관한 다른 고찰방법은 국제수지표에 의하여 커버되어야 할 모든 거래를 자발적 거래와 조정적 거래로 구분하며, 이것에 의해 국제수지의 균형 또는 흑자, 적자를 정의하게 된다. 제임스 미드(James Edward Meade)는 국제수지표의 다른 여러 항목의 크기의 여하에 관계 없이 발생하는 거래를 자발적 거래, 그 자체를 목적으로 해서 행해지는 것이 아니고 국제수지표의 여러 항목의 상황의 조정적 거래에 의해 메꾸어져야 할 갭을 발생시키기 위해 유발되는 거래 혹은 다른 여러 거래를 조정하기 위해 행하는 거래를 조정적 혹은 보정적 거래라고 정의하였다.

자발적 거래와 조정적 거래와의 구별을 기초로 하는 국제수지 정의의 두 번째 사고방법은 IMF가 초기에 채택하였던 통화당국이 국제수지의 다른 항목에 있어서 적자 또는 흑자를 커버하기 위한 외화를 조달하기 위해 행하는 자본조달 또는 자금공급을 정부에 의한 보정적 금융거래로 정의하고, 그 크기를 가지고 국제수지의 불균형을 정의하고 있다.

금융계정은 부채와 자산항목으로 나누어지고, 중앙은행과 기타 금융기관의 대외부채와 자산의 증감이 기록된다. 금, SDR, 유가증권 등의 국제준비자산의 증감은 자산 란에 기록하고, 외국의 은행 및 국제수지표에는 조정항목으로서 오차 및 누락계정이 있게 된다. 즉, 국제수지표상의 모든 거래에 있어서 발생할 수 있는 수입·지급간의 불일치를 시정하기 위해 생긴 항목이 오차 및 누락계정이다.

〈표 5-1〉 국제수지표

계정	수급	지급	차액
Ⅰ. 경상계정 1. 무역수지 2. 무역외수지 3. 이전거래 **Ⅱ. 자본계정** 4. 장기자본수지 5. 단기자본수지 **Ⅲ. 오차 및 누락**	**Ⅰ. 경상항목** 1. 상품수출 2. 무역외수출 3. 이전수입 **Ⅱ. 자본항목** 4. 장기자본차입 장기대부자본회수 5. 단기자본차입	**Ⅰ. 경상항목** 1. 상품수입 2. 무역외수입 3. 이전지불 **Ⅱ. 자본항목** 4. 장기자본대부 장기대부자본상환 5. 단기자본대부	
Ⅳ. 금융계정 6. 부채 7. 자산증감			증 (+) 감 (−)

참고: 경상수지(1+2+3), 기초수지(1+4), 종합수지(기초수지+5+Ⅲ)

2. 외환시장과 환율

1) 외환시장

국제무역은 일반적으로 국가 간의 상품과 서비스의 이동을 의미한다. 그런데 국경을 넘어서 상품이나 서비스가 이동할 때는 무상원조와 같은 이전지출을 제외하고는 항상 국제결제문제가 수반된다. 결제수단으로는 금·현금통화·외환이 주로 사용된다. 그러나 금과 현금통화는 수송상의 위험과 불편이 있기 때문에 대부분의 무역결제는 외환에 의해 이루어지고 있다. 여기서 외환(foreign exchange)의 개념은 구체적 의미와 추상적 의미로 구분할 수 있다.

구체적 의미에서 외환은 대외지급수단으로 사용할 수 있는 외국통화 표시에 은행권·수표·환어음·예치금 잔고 및 예금을 포함하는 포괄적인 개념인데, 현실적으로 실질적인 외환이란 한 나라의 통화를 다른 나라의 통화로 전환시켜 주는 전신환(telegraphic transfer) 혹은 전화환(telephonic transfer)의 의미로 통용되고 있다.

이에 비해 추상적 의미에서의 외환이란 한 나라의 통화와 다른 나라의 통화 간 교환을 의미한다.

세계 각국은 원, 달러, 엔화 등 각기 자기나라의 통화를 사용하고 있기 때문에 외국과의 거래에 있어서는 각기 자기 나라의 화폐를 그대로 사용할 수가 없다. 그러므로 국제간 거래는 서로 다른 통화에 대한 수요와 공급을 가져오며 이들 통화 간 교환비율문제를 야기 시킨다. 예컨대 우리나라의 수입업자가 미국의 수출업자로부터 밀을 수입하려고 하면, 미국의 수출업자는 달러화를 요구할 것이기 때문에 우리나라의 수입업자는 미국의 화폐인 달러화가 필요하다.

반대로 우리나라의 수출업자가 미국시장에 자동차를 수출하게 되면, 미국의 수입업자는 달러화로 자동차를 구입할 것이므로 우리나라의 수출업자는 이 달러를 원화로 바꾸어 가져야 한다. 이러한 문제를 해결시켜 주는 곳이 바로 외환시장이다.

여기서 외환시장(foreign exchange market)이란 외환의 매매거래가 이루어지는 특정장소 또는 기구를 말하는데, 외환을 취급하는 각종 상업은행이나 중앙은행 등은 외환시장을 구성하는 중요한 행동주체들이다. 그리고 이 외환시장에서의 외환의 수요와 공급은 균형외환의 수급량 및 외환의 균형가격형성과 밀접한 관계가 있다.

2) 환율의 개념

환율(foreign exchange rate)이란 한 나라의 통화가치를 다른 나라의 통화단위로 표시한 것으로 통화간 교환비율이다. 이러한 환율, 즉 이종통화간의 교환비율은 교환될 대상이 다같이 통화이므로 어느 나라의 통화를 기준으로 하느냐에 따라 두 가지 표시방법으로 구분할 수 있다.

먼저 자국통화표시환율이다. 이는 외국통화를 기준으로 하여 외화 한 단위와 교환되는 자국 통화의 단위량, 즉 외화 한 단위 당 얼마의 자국통화와 교환해야 하는가를 나타내는 환율표시방법으로서 방화표시환율(邦貨表示換率) 또는 지급환율이라고도 한다. 예컨대 우리나라 원화와 미국 달러화의 환율을 1달러= 1,300원 또는 원/달러=1,300으로 표시하는 것이다. 이는 달러당 1,300원에 교환되는 것을 의미한다. 그러므로 환율이란 우리나라 측에서 보면 원(Won)으로 지불되는 형태가 된다. 물론 우리나라는 이러한 자국통화표시방법에 의해 환율을 나타내고 있으며, 대부분의 나라에서 활용되고 있다.

다음에는 외국통화표시환율이다. 이는 자국통화를 기준으로 하여 자국 통화 한 단위가 교환되는 외국통화의 단위량, 즉 자국통화 한 단위당 외국통화가 얼마나 교환될 수 있는가를 표시하는 환율로서 외화표시환율 또는 수취환율이라고도 한다. 예컨대 우리나라의 경우 원화의 대미 달러 환율을 1원= 0.0011달러 또는 달러/원=0.0011로 표시하는 경우에 이를 외국통화표시환율이라고 한다.

미 달러화가 세계적 기축통화의 역할을 담당하면서부터 국제외환거래의 대부분은 미 달러화와의 매매거래를 통해 이루어지고 있어 국제외환시장에서 환율고시는 대부분 미 달러화 1단위에 대한 외국통화와의 교환비율로 나타내고 있다.

우리나라의 원화의 대미 달러화 환율이 1달러 당 1,200원에서 1,300원으로 변동하였다면, 우리는 흔히 환율이 상승하였다고 하는데 이는 미 달러화에 대한 원화 가치가 하락하였음을 의미하므로,

일반적으로 원화가 미 달러화에 대해 평가절하 되었다고 표현한다.

이와는 반대로 종전에 1달러에 1,300원하던 것이 1,200원으로 내렸다면, 이는 미달러화에 대한 원화의 가치가 상승하였음을 의미하므로 원화가 미 달러화에 대해 평가절상 되었다고 표현한다.

국제외환시장에서는 환율이 각국의 정치, 경제사정 등에 따라 매일매일 수시로 변동되고 있는데 돈의 가치가 올라가는 통화를 강세통화라고 하며, 돈의 가치가 떨어지는 통화를 약세통화라고 한다.

환율은 외환시장에서 이루어지는 거래결제가 언제 이루어지느냐에 따라 현물환율(spot exchange rate), 선물환율(foward exchange rate)로 나누기도 한다. 외환거래계약 후 통상 2영업일 이내(within 2 business days after trading date)에 외환결제가 이루어지는 거래를 현물환거래라 하는데 이 때 적용되는 환율을 현물환율이라고 하며 일반적으로 환율이라고 하면 현물환율을 말한다.

또 외환매매계약 체결일로부터 일정 기간(통상 2영업일)경과 후 특정일에 외환을 결제하기로 약정한 거래가 선물환거래로서, 이 때는 결제일까지 매매쌍방의 현금결제(cash settlement)가 유보되는데 이러한 형태의 거래에 적용되는 환율을 선물환율이라고 한다. 선물환율의 결정은 기본적으로 양국간 금리차와 현물환율수준에 따라 결정된다.

한편 한 나라 통화의 대외가치, 즉 환율변동을 측정함에 있어 평가기준이나 이용목적에 따라 실질환율, 실효환율 및 구매력평가환율 등 몇 가지 상이한 환율개념이 이용되고 있다. 실질환율(real exchange rate)은 명목환율에 두 나라간 물가변동을 반영하여 구매력변동을 나타내도록 조정한 환율이며, 실효환율(effective exchange rate)은 주요 교역 대상국의 명목환율을 교역량으로 가중평균한 환율로서 이 실효환율에 다시 교역상대국의 물가지수까지 감안한 것이 실질실효환율(real effective exchange rate)이다. 또 구매력평가환율은 한 나라의 통화의 구매력과 다른 나라 통화의 구매력이 같은 수준을 유지하도록 국내물가와 외국물가의 변동을 환율에 반영시킨 것으로 상품시장의 균형을 반영하는 장기적인 균형환율의 성격을 띠고 있다.

3) 외환시장과 환율의 결정

환율은 외환의 매매가 이루어지는 외환시장에서 결정된다. 환율이 상승하면, 1달러를 획득하기 위해 지불해야 하는 원화의 수량이 증가하기 때문에 우리나라 사람이 지불해야 하는 외국상품의 가격은 종전보다 올라가게 된다. 환율상승으로 인하여 우리나라 사람이 지불해야 하는 외국상품의 가격이 비싸지면 수요의 법칙에 의하여 외국상품에 대한 수요가 감소하게 된다. 그러므로 다른 조건이 일정하다면 환율의 상승은 외환에 대한 수요량을 감소시키게 된다. 이와 같은 원리에 의하여 환율의 하락은 외환에 대한 수요량을 증가시키게 된다. 즉 환율과 외환의 수요량은 역의 관계에 있다.

한편 환율이 상승하면 외국인이 지불해야 하는 우리나라 상품의 가격은 싸지게 된다. 예컨대 1달러에 1,000원일 경우 한국산 냉장고의 1대당 가격이 60만원이라고 하면 미국사람이 이것을 수입하고 지불하게 되는 가격은 600달러가 된다. 그런데 1달러에 1,000원하던 것이 1달러에 1,200원으로 상승한다고 하면, 미국사람이 그 냉장고를 구입하기 위해서는 500달러를 지불하면 된다. 그러므로 환율이 상승함으로 인하여 외국사람이 지불하게 되는 우리나라 상품의 가격은 싸지게 된다. 그 결과 다른 조건이 일정할 때 해외시장에서 우리나라 상품에 대한 수요가 증가하며,

따라서 외환의 공급이 증가하게 된다. 즉 환율이 상승하면 외환의 공급이 증가한다.

이와 같이 우하향하는 외환의 수요곡선과 우상향하는 외환의 공급곡선이 서로 만나는 점에서 균형환율과 균형외환수급량이 일치하게 된다.

그러나 이상의 논의는 외환시장에서 자유로이 환율이 결정되는 것을 허용하는 변동환율제도하에서의 환율결정에 한정되며, 실제로 모든 나라에서는 이와 같은 환율결정 메커니즘에 정부가 어느 정도 간여하고 있다.

4) 외환의 수요와 공급에 영향을 미치는 요인

이처럼 환율은 외환의 수요곡선과 공급곡선에 의해 결정되기 때문에 두 곡선을 이동시키는 여러 요인에 의해 변동하게 된다. 그러면 이와 같은 외환의 수요와 공급에 영향을 미치는 경제적 또는 비경제적 요인들은 무엇인가? 외환시장의 수요·공급의 변화는 국내물가, 국내외 경제활동수준, 이자율 등에 의해 영향을 받는다.

국내물가가 상승할 경우, 수출상품의 가격은 상대적으로 높게 되고 수입상품의 가격은 상대적으로 낮게 되어 수출은 감소되고 수입은 증가한다. 따라서 외환의 공급은 감소되고 외환의 수요는 증가되어, 외환공급곡선을 좌측으로 이동시키고 외환수요곡선을 우측으로 이동시켜 균형환율은 상승한다.

외환의 수요와 공급은 국내의 경제활동과 외국의 경제활동 수준에 크게 영향을 받는다. 소비자들의 소비지출은 소득이 증가함에 따라 증가하는 경향이 있기 때문에 소득이 증가함에 따라 수입품에 대한 소비지출도 늘어날 것이다. 그러므로 국내경제활동이 활발해져서 국민소득이 증가하면 수입수요가 증가하고 따라서 외환에 대한 수요를 증가시키는 반면에 국내경기가 침체되면 수입수요가 줄어들어 외환에 대한 수요도 감소된다.

또 외국에서의 경제활동의 위축은 우리나라 상품의 수출을 감소시켜 외화공급이 감소된다. 따라서 국내 경제활동의 상승과 외국경제의 경기침체는 환율을 상승시키는 효과가 있으며, 반대로 국내경제활동의 위축과 외국경제활동의 상승은 환율을 하락시키는 효과를 가지고 있다.

일반적으로 자본의 국제적 이동이 허용되고 물가상승률 등의 경제적 여건이 같으면 이자율이 낮은 나라에서 이자율이 높은 나라로 이동된다. 따라서 이자율의 상승은 외환의 공급증가를 가져옴으로써 외환의 공급곡선은 우측으로 이동되어 평가절상의 결과가 생기고, 이자율의 하락은 평가절하의 결과를 가져온다.

3. 환율제도

1) 환율제도

변동환율제도(flexible exchange rate)는 외환시장에서 외환의 수요와 공급에 의해 환율이 결정되는 제도를 말한다. 이에 반해 고정환율제도(fixed exchange rate)는 통화당국이 외환시장에 개입하여 환율을 일정 수준으로 유지하는 제도이다. 그러나 오늘날에는 순수한 고정환율제도나 순수한 변동환율제도는 존재하지 않으며, 현실의 외환제도는 이 두 측면을 적당히 절충시킨 것이라고 볼 수 있다. 즉 정부가 환율을 원하는 수준으로 유지하기 위해 정책당국이 보유하고 있는 외환으로 시장의 초과수요량 또는 초과공급량을 제거하는 간접적 방법으로 규제하는데 이를 관리변동환율제도라고 한다.

고정환율제도의 대표적인 것으로 1870년에 확립된 금본위제도와 제2차 세계대전 후에 IMF에 의해 운영된 브레튼 우즈(Bretton Woods)제도를 들 수 있다. 고정환율제도의 장점은 불의의 환율변동으로 인한 손해를 입을 염려가 없다는 점으로서, 환율에 대한 불확실성이 없으므로 국제거래를 촉진하고 국제시장을 확대하는데 도움이 된다. 실제로 금본위제도에서는 환율의 변동이 금의 자유로운 유·출입에 의해 금수출과 금수입 사이의 좁은 범위에서 이루어졌다.

그러나 1930년대에는 세계적인 불황이 지속되는 가운데 환율이 자유로이 변동함으로써 국제거래의 발전을 방해하고 국내경제의 안정을 교란하는 결과를 초래하였다. 이러한 경험을 바탕으로 전후에 형성된 브레튼 우즈 체제에서는 미국의 달러를 국제통화로 정하여 달러화의 가치는 일정한 금과의 교환비율에 고정되고, 다른 나라의 화폐는 달러화와 고정된 환율에 의해 연결됨으로써 간접적인 금과의 평가가 설정되도록 하였다. 각국의 중앙은행은 국제수지의 근본적 불균형이 없는 한 그 환율을 유지하기 위해 적절한 조치를 취하도록 하는 협약이 이루어졌다.

그러나 고정환율제도는 국제수지의 불균형을 자동적으로 조정할 능력이 제약되어 있다는 단점을 가지고 있다. 환율의 조정을 통한 국제수지의 조정이 제약되어 있으므로 국제수지 적자가 발생하는 경우에는 긴축정책을 사용하거나 수입을 줄이기 위한 각종 통제를 실시하여야 한다. 고정환율제도 하에서 국제수지 적자가 나타날 때 긴축정책을 사용함으로써 불황과 실업을 야기시키는 현상은 흔한 사례이다.

이러한 국제수지 균형을 위해 상당히 큰 대가를 국내적으로 치러야 한다. 한편 수입통제의 경우, 외국의 보복도 고려해야 하겠지만, 장기적으로는 자원배분을 왜곡하여, 경제의 효율적 발전을 저해할 수 있다.

브레튼 우즈 체제는 미국의 달러를 기축통화로 삼았기 때문에 달러의 가치가 안정적일 때는 제도유지가 가능하였다. 그러나 단기 달러채무가 미국의 금준비를 초월한 1960년부터 달러 불안이 발생하였다. 미국은 국제수지 적자를 통화발행을 통해 해결할 수 있는 입장이어서 국제수지의 조정에 느슨해지기 쉬웠다. 미국경제가 세계경제에서 차지하는 상대적 지위가 약화됨에 따라 1950년대 후반부터 미국의 국제수지는 악화되었다. 한 나라의 국제수지가 불균형상태를 지속하면 환율의 변경이 예상되어 환투기가 일어남으로써 국제통화의 불안정이 조성되기 쉽다.

결국 1971년 8월 미국은 경제불황, 인프레이션 및 국제수지 적자의 지속을 해결하고자 닉슨성명에 의해 달러화의 평가절하를 단행함으로써 브레튼 우즈 제도는 사실상 붕괴되었다. 그 후 각국의 변동환율제도 채택 및 외환관리가 국제거래에 미치는 영향을 조정하고자, 1971년 12월 스미소니언 체제(Smithsonian system)를 발족시켜 각국 통화의 평가를 재조정하고 환율의 변동폭을 확대할 것에 합의하였다. 그러나 국제수지의 불균형에 비해 평가조정이 부족하였기 때문에 1972년 영국 파운드화의 대량매각사태가 발생하여 영국이 변동환율제도로 이행하고, 1973년 미국의 달러화 평가절하 이후 주요 선진국이 잇달아 변동환율제도로 이행함에 따라 스미소니언 체제는 붕괴되었다.

한편 1973년 이후 실시되기 시작한 변동환율제도의 경우 이행 당시에는 국제수지의 불균형을 시정하기 위해서 환율변동에 충분한 신축성을 부여하는 제도가 필요하다고 판단되어 순수변동환율제도를 채택하였다. 그러나 실시 결과 균형환율로의 복귀보다는 불규칙하고 대폭적인 환율변동이 반복되어, 각국 정부는 인플레이션 방지나 대외경쟁력 유지 등의 이유를 들어 빈번히 외환시장에 개입하게 되었다. 이러한 외환시장에 대한 개입은 점차 그 필요성을 인정받게 되었다.

적어도 이론상으로는 국제수지의 불균형을 자동적으로 시정할 수 있다는 것이 변동환율제도의 가장 큰 장점이다. 따라서 국내의 재정·금융정책이 국제수지에 미치는 영향을 고려하지 않고 자유로이 국내의 경제목표를 달성하기 위해 사용될 수 있다. 물론 환율변동에 따른 손해인 환위험으로 인해 국제거래가 저해되고 환투기가 발생하여 환율의 변동이 더욱 심해질 수 있다는 단점을 가지고 있으나, 가격변동에 따른 위험은 자유경제의 일반적 현상이며 고정환율제도에서도 환투기가 발생한다는 점에 유의해야 한다.

1970년대 석유파동 때는 심각한 국제수지의 불균형이 발생하여 변동환율제도 하에서도 새로운 경험을 하였다. 즉, 종래의 국제수지 불균형은 미국의 적자, 일본과 서독 등 주요 선진국의 흑자, 개발도상국의 적자라는 양태를 보였으나, 원유가격이 대폭 인상된 이후에는 산유국과 비산유국간의 불균형이 두드러졌다.

한편 환율이 자유롭게 큰 폭으로 변동함으로써 환투기를 억제하고 국제통화의 혼란을 진정시킬 수 있다는 본래의 역할이 예상대로 이루어지지 못했다. 강세통화와 약세통화 사이의 격차가 오히려 확대되었으며 이와 함께 인플레이션 격차도 오히려 커졌다.

그러나 이러한 현실이 변동환율제도의 단점에 기인한 것은 아니다. 오히려 석유파동이라는 새로운 위기를 맞아 국제적인 통화혼란이 발생하지 않았던 것은 변동환율제가 지닌 충격흡수장치로서의 역할, 즉 변동환율의 장점에 의한 것이라는 평가가 있다.

1976년 IMF의 협약문 개정을 통해 변동환율제도를 공인한 이후부터, 세계 각국은 변동환율제도의 기조 위에 다양한 환율제도를 채택하고 있다. 개발도상국들은 보다 신축적인 환율제도로 이행해가는 반면, 선진국들은 환율의 안정유지를 위한 국가간 정책협조를 강조하고 있는 추세이다.

현재의 제도하에서 연동환율제(pegged exchange rate)를 채택하고 있는 나라는 중남미를 중심으로 24개국 정도는 달러화에, 아프리카 지역을 중심으로 14개국은 프랑화에 11개국 등은 파운드화에 연동시키고 있다. 이밖에 IMF특별인출권(special drawing right: SDR)이나 복수통화바스켓에 자국화폐를 연동시키는 나라들도 있다.

한편 제한적 변동환율제도에는 사우디아라비아 등 5개국이 특정목표제한 변동환율제도를, EU는 공동환율제도를 채택하고 있다. 신축적 변동환율제도의 경우, 브라질 등 5개국이 특정지표기준 변동환율제도를, 인도 등 20여개국이 관리변동환율제도를, 선진국 등 10여개국이 독립변동환율제도를 채택하고 있다.

대체로 단일통화연동제 및 특정통화제한 변동환율제를 채택하고 있는 국가는 줄어드는 반면, 복수통화연동제도와 단독변동환율제도를 채택하는 국가가 증가하는 등 보다 신축성 있는 환율제도가 증가하는 추세이다.

현행제도는 부분적으로는 변동환율을, 부분적으로는 고정환율을 가미한 매우 절충적인 제도로서 상당히 복잡하다고 할 수 있는데, 이러한 제도가 언제까지 계속되며 이를 대체할 제도가 무엇인지가 국제적인 관심사이다. 개발도상국은 기준환율을 정하고 이를 중심으로 일정 범위 내에서 환율을 운용하는 목표환율대 제도로의 이행을 주장하고 있으며, 선진국은 현행 환율제도의 기본골격 위에 주요 기축통화국에 대한 감독강화와 이들 국가 간의 협조를 통해 현행제도의 취약점을 보완하자는 주장을 하고 있다.

2) 우리나라의 환율제도

1997년 12월 16일 우리나라의 환율제도가 사실상 자유변동환율제도로 바뀌었다. 자율변동환율제는 말 그대로 환율이 외환시장에서 수요와 공급에 의해 자유롭게 결정된다는 뜻이다.

우리나라의 환율제도는 1945년 해방 직후 달러당 15圓의 고정환율제로 출발해 1964년 단일변동환율제, 1980년 복수통화바스켓, 1990년 시장평균환율제 등으로 변해왔다. 시장평균환율제는 전날 시장에서 거래된 환율 평균치를 당일의 매매 기준률로 정하고 이를 기준으로 하여 하루에 오르고 내릴 수 있는 변동 폭을 설정해 그 범위 안에서만 움직일 수 있게 한 것이다. 그동안 하루 변동 폭은 상하 2.25%로 되어 있었으나, 외환위기가 본격화되기 시작한 1997년 11월19일 변동 폭을 10%로 대폭 늘렸다. 그럼에도 불구하고 달러가 극도로 부족한 현실에서 연일 가격제한 폭까지 오르고 그나마 거래가 이루어지지 못하는 사태가 발생하였다. 정부는 이러한 공급부족사태를 해결하기 위해 동년 12월 16일부터 하루 변동 폭을 없애 제도적으로 무제한 오르고 내릴 수 있게 한 것이다. 표면상의 이유는 수급안정이지만, 실질적인 이유는 IMF의 요구를 수용한 것이다.

다만 거래편의를 위해 기존의 매매 기준률은 매일 고시한다. 1만 달러 이하의 외환거래를 하는 사람들에게는 이 기준환율이 적용되고 장부가격조정이나 재정지출 등 외화환산거래 등에 활용된다. 물론 하루 등락률이 심할 경우 여러번 바뀔 수도 있다. 그런 점에서 당일 기준환율 자체를 은행 스스로 정하는 순수한 자유변동환율제와는 다소 차이가 있으나 가격결정 메커니즘은 다를 바 없다.

완전변동환율제 도입을 계기로 그동안 우리나라의 환율제도가 어떻게 변천했는지 간단히 살펴보면 <표 5-2>와 같다. 우리나라는 지난 1945년 10월 1일 고정환율제도를 도입하였다. 당시 미국 군정당국의 공정환율은 달러당 15圓이었다. 그러나 한국전쟁 후 지속적인 물가상승으로 원화의 평가절하가 불가피하였다. 드디어 1964년 5월 3일 단일변동환율제도로 바뀌었다. 당시 환율은 달러당 255원이었다. 그러나 국내물가 상승으로 네 차례(1969, 1971. 1974. 1980년)에 걸쳐 집중 기준률을 인상하였다.

그러나 환율이 물가상승률을 제대로 반영하지 못한데다 국제수지 조정기능도 떨어져, 1980년 2월 27일 미국 달러화 뿐만 아니라 주요 교역 상대국 통화의 국제시세에 원화환율을 연동하는 복수통화바스켓제도를 채택하였다. 그러나 미국을 중심으로 선진국들이 우리나라가 환율을 조작한다는 의혹을 제기하며 통상압력을 가해 오자, 1990년 3월 2일 시장평균환율제도를 도입하였다.

〈표 5-2〉 한국의 환율제도 변천

연도	환율제도	연도	환율제도
45.10.1	고정환율제도	91.9	변동폭 ±0.6%
64.5.3	단일변동환율제도	92.7	변동폭 ±0.8%
80.2.27	복수통화바스켓에 의한 변동환율제	93.10	변동폭 ±1.0%
		94.11	변동폭 ±1.5%
90.3.2	시장평균환율제도도입시행 초기 하루 환율 변동폭 ±0.4%	95.12	변동폭 ±2.25%
		97.11.20	변동폭 ±10%
		97.12.16	하루변동 상하한 폭 철폐 (완전 변동환율제도)

시장평균환율은 미국 달러화에 대한 원화의 교환비율로 금융결제원을 경유해 외국환 은행간 거래된 현물환율과 거래액을 가중

평균해 산출하였다. 시장평균환율제도는 복수통화바스켓제도와 달리 달러화에 대해서만 환율을 정했기 때문에 달러화 이외의 통화에 대한 원화 환율인 재정환율(裁定換率, arbitrage rate)이 필요했다. 시장평균환율제도가 도입되었을 때에는 하루 환율변동 폭이 상하 0.4%에 불과하였으나, 여섯 차례(±0.6→0.8→1.0→1.5→2.25→10%)에 걸쳐 하루 변동 폭이 상향 조정되었다.

환율은 대외거래에 있어서 가장 핵심적인 변수 중 하나이다. 우선 외국과의 거래에서 가격구조를 변화시킨다. 예컨대 환율이 달러당 1천원일 때 1만 달러를 수출하는 기업의 매출액은 우리 돈으로 1천만원이 되지만, 환율이 1천5백원으로 오르면 똑같은 양의 물건을 수출하고도 1천5백만원을 받게 된다. 그러므로 수출증대에 더욱 노력하게 된다. 그러나 수입하는 경우는 반대현상이 나타난다. 똑같은 양의 상품을 수입하더라도 우리 돈으로 50%를 더 지급하여야 한다. 결국 수입을 기피하게 된다.

따라서 환율이 오르면 수출이 늘고 수입이 줄어 무역수지가 개선되는 효과를 기대할 수 있다. 그러나 자원이 빈약한 우리로서는 원자재수입이 불가피하기 때문에 물가상승으로 이어져 부작용도 적지 않다. 자유변동환율제하에서는 그러한 경제환경의 변화 가능성이 과거보다 더 크다는 것을 의미한다. 그만큼 경제행위에 따른 위험부담이 커진다는 것이다.

더구나 환율변화는 국내외의 금리나 주가와도 상호 영향을 미치면서 변화하게 된다. 예컨대 국내금리가 다른 나라에 비해 매우 높을 때는 외국자금이 금리차를 겨냥하고 국내로 몰려들게 된다. 달러가 많이 들어오면 원화의 환율은 떨어진다. 즉, 원화 값이 높아진다. 반면에 주식시장의 돈이 금융시장으로 빠져나가 주가는 떨어질 가능성이 크다. 물론 반대의 상호작용도 성립한다.

앞으로 환율은 철저하게 시장원리에 따라 움직이게 된다. 달러화를 팔자는 세력과 사자는 세력 가운데 어느 쪽이 크냐에 따라 결정되게 마련이다. 외국자본의 국내 유출입이 자유로워진데다 우리의 돈값마저 완전하게 시장수급에 의해 결정된다는 것은 우리경제가 세계시장에 완전히 노출된 것이라고 보아야 한다. 그만큼 기업의 경영이나 정부의 경제정책 운용이 어려워진다.

4. 선물환거래와 선물거래

1) 선물환거래

기업의 환위험을 없애거나 줄일 수 있는 방법은 선물환, 통합선물, 옵션, 스왑 등 다양하다. 그 중 가장 기본적이고 국내에서 널리 사용되는 것이 선물환(先物換)이다. 외국에서 원재료를 수입, 가공하여 국내시장에 파는 기업을 예로 들어보자. 대금결제는 수입일로부터 1개월 뒤에 하고 물건 한 개를 만드는데 원재료비가 100달러, 기타비용이 1만원이라고 가정한다. 또 판매가격은 12만원, 달러당 원화환율은 1천원, 1개월짜리 선물환 환율은 1천50원이라고 가정한다. 이 경우 회사의 수입은 한달 뒤 환율이 얼마로 바뀌는가에 따라 달라진다.

(1) 원-달러 환율이 1천원으로 유지될 경우

물건 1개당 판매가격이 12만원에서 원재료비 10만원(=1백달러×1천원)과 기타비용 1만원을 뺀 1만원의 수익을 낼 수 있다.

(2) 원-달러 환율이 500원으로 떨어질 경우

원재료비가 15만원(=100달러×1천5백원), 기타비용이 1만원으로 물건 1개당 4만원의 손해를 본다.

이 회사의 입장에서는 환율이 그대로 유지되거나 떨어지면 이익도 내면서 정상적인 경영활동도 할 수 있다. 그러나 최악의 경우 환율이 급등하면 손실을 내고 회사가 도산할 수도 있다. 이 같은 최악의 경우를 미연에 방지하기 위해 기업은 선물환 거래를 한다. 이 기업이 1개월 후에 결제할 외환을 지금 선물환으로 사둔다면 판매가격 12만원에서 원재료비 10만5천원(=100달러×1천50원)과 기타비용 1만원을 뺀 5천원을 벌 수 있다. 1개월 뒤 환율이 어떻게 바뀌더라도 이 기업의 수익을 불변이다.

물론 환율이 그대로 유지되거나 떨어질 경우에 비해 수익이 줄어들지만 적자를 내거나, 심지어 도산되는 것은 막을 수 있다. 즉 기업은 손실가능성을 없애는 대가로 위험회피비용을 지불하고 환율이 올라 큰 돈을 벌 가능성도 사전에 없애는 셈이다.

모든 외환위험에 대해 막대한 비용을 들여 헤지(hedge)를 하는 우둔한 기업은 없다. 헤지비율이나 전략 등은 각 기업마다 각양각색이다. 세계 유수의 기업들이 외환위험을 헤지(hedge)하는 데는 몇 가지 공통점이 있다.

첫째, 제조업체는 안정적인 영업이익을 확보하기 위해 적당한 수준의 헤지거래를 한다. 환율예측을 잘 하느냐 못하느냐에 따라 큰 이익이나 큰 손해를 볼 수도 있지만, 영업이익을 지키는데 목표를 두고 외환위험의 정도를 감안해서 헤지를 한다.

둘째, 거래국 통화동향을 분석, 전망하고 외환거래를 총괄지휘하는 금융센터를 런던 등 국제금융중심지에 설치하는 기업이 늘고 있다. 일부 다국적 기업에서는 금융센터가 기업내 은행이라고 불릴만큼 위상이 높고 많은 일을 한다.

셋째, 외환실무자에게 외환위험과 헤지거래에 관한 책임을 떠넘기지 않고 명확한 책임규정을 두거나 최고경영자가 적극적으로 판단을 한다.

2) 선물거래

원유, 곡물, 금속, 금융상품 등의 자산(assets)을 미래 일정 날짜에 일정한 가격에 사거나 팔 수 있는 거래협정을 선물계약(futures contract)이라고 한다.

가령 김씨는 앞으로 두달간 파운드화가 달러화에 비해 강세를 보일 것이라고 예측한다. 현재 1파운드는 1.6570 달러이고, 두 달 후 거래되는 파운드화 선물환을 보면 1파운드 1.6410달러이다.

김씨는 선물환시장에서 410,250달러를(=250,000×1.6410) 주고 250,000파운드를 산다. 김씨의 예상대로 두 달 후 실제로 파운드화 가치가 상승해 1파운드가 1.7000달러가 되었다면 김씨는 14,750달러의 이득(=[(1.7-1.641)×250,000])을 얻게 된다.

그러나 김씨의 예측이 빗나가 두달 뒤 실제 파운드화의 환율이 1파운드를 사는데 1.6000달러로 떨어지면 김씨는 10,250달러의 손실[(1.6-1.641)×250,000]을 입는다. 대표적인 선물거래시장으로는 CBOT (Chicago Board of Trade, 곡물, 금속, 금융상품 거래), CME(Chicago Mercantile Exchange, 가축, 육류, 금융상품, 목재거래), COMEX(Commodity Exchange, 뉴욕국제무역센터에 위치한 선물시장, 금속과 금융상품을 주로 취급) 등이 있다.

제6장 경기변동론

1. 경기변동의 의의

자본주의경제는 경기의 상승국면과 하강국면이 서로 뒤따르면서 경제제량이 어느 정도 주기적인 파동을 반복하면서 발전되어 왔다. 경기변동은 어떤 특정기업 또는 특정산업의 경제변동을 의미하는 것이 아니고 모든 산업의 경제변동을 의미한다. 또한 경기변동은 국민경제적인 현상일 뿐 아니라 국제적인 현상이기도 하다. 1930년대의 대불황, 그리고 2008년 하반기 미국발 금융위기는 전세계로 파급되었다.

경기변동은 물가수준·임금수준·고용수준·실업수준·국민소득수준 등에 관한 통계로 알 수 있는데, 이것은 자본주의의 생성과 동시에 출현한 자본주의 경제의 고질이기도 하다. 그러나 경제학의 발전은 경기변동의 원인을 규명하고 나아가 그 대책을 수립할 수 있게 함으로써 1930년대 또는 그 이전에 발생했던 것과 같은 대불황이나 공황현상은 사전에 방지될 수 있게 되었다.

2. 경기순환의 종류

경기변동을 통계적으로 분석하는 과정에서 경기는 어떤 순환적인 성격을 가지고 있음이 발견되었다. 그래서 경기순환은 순환주기의 길이에 따라서 주순환, 소순환, 건축순환, 장기순환 등으로 구별된다.

1) 주순환

주순환은 쥬글라(C. Juglar)가 발견하였기 때문에 슘페터(J. Schumpeter)가 그 발견자의 이름을 따서 쥬글라 파동(Juglar cycles)이라 명명하였고, 이 순환은 경기순환 중에서 가장 중요한 의의를 가지고 있으므로 한센(A. H. Hansen)은 이 순환을 주순환(major cycles)이라 명명하였다.

쥬글라는 은행대출, 이자율, 물가 등과 같은 금융적 측면과 밀접한 관계를 갖는 통계의 시계열을 실증적으로 분석함으로써 자본주의 경제는 10년 주기의 경기순환을 반복하면서 발전해 왔다는 것을 발견하였다.

이 파동은 설비투자의 순환으로 인하여 9-10년의 주기를 가지고 있는데, 이 파동의 정점에서 때때로 나타나는 공황현상이 경제에 심각한 타격을 가져다 주었다. 따라서 경기변동론의 주된 대상도 쥬글라 파동에 관한 연구이다.

2) 소순환

쥬글라에 의해 경기순환의 존재가 실증적으로 발견된 이래 경기순환에 대한 연구가 활발해지고 통계자료가 더욱 정비되어 감에 따라 평균 10년 주기의 쥬글라 순환보다도 훨씬 짧은 평균 40개월의 주기를 갖는 단기순환이 있다는 것이 키친(J. Kitchin)에 의해 발견되었다. 이 순환은 슘페터에 의해 발견자의 이름을 따서 키친순환(kitchin cycles)으로, 그리고 한센에 의해 쥬글라의 주순환과 구분하여 소순환(minor cycles)으로 명명되었다.

키친은 미국과 영국의 도매물가·이자율·은행의 어음교환 등의 시계열을 분석함으로써 이 순환을 발견하였다. 이러한 단기순환의 존재는 크럼(W. L. Crum)과 한센 등에 의해 재확인되었으며, 또한 이는 주로 상품재고의 변동에 기인하는 것으로 해석되어 재고순환(inventory cycles)이라고 불린다.

3) 건축순환

이상에서 살펴 본 주순환, 소순환 이외에 주택이나 공장건물과 같은 건축활동도 약 20년 주기의 순환을 나타낸다는 것이 리글맨(J. R. Riggleman) · 월렌(C. F. Warren) · 피어슨(F. A. Pearson) · 한센 등에 의해 발견되었다.

한센에 의하면, 건축순환의 존재는 주순환의 주기, 상승기 및 하강기의 기간을 결정하는데 매우 큰 영향을 미친다고 주장한다. 그러나 한편으로는 이 순환에 대한 반론도 없지 않다. 경기순환이란 국민경제의 총체적 경제활동에 의해 설명되어야 하는 것인데 건축이라는 특정 산업의 경제활동을 경기순환의 한 유형으로 취급한다는 것은 이론적으로나 현실적으로 큰 의미를 갖지 못한다는 것이다.

4) 쿠즈네츠 순환

케인즈(J. M. Keynes)의 일반이론 등장 이후 국민소득통계가 정비됨에 따라 국민소득을 기준으로 본 경제성장률은 약 20년의 주기를 가지고 순환한다는 것이 쿠즈네츠(S. S. Kuznets)에 의해서 발견되었다. 이러한 순환의 존재는 그 이후 루이스(W. A. Lewis) 및 아브라모비츠(M. Abramobitz) 등에 의해서도 확인되었다.

한편 쿠즈네츠의 순환이 건축순환과 많은 경우에 일치하고 있으며, 특히 건축활동이 매우 활발했던 미국과 일본에서 뚜렷하게 나타나고 있다고 하여 쿠즈네츠 순환의 원인을 건축활동에서 찾으려는 견해도 있지만, 경제성장이 건축활동에 의해서만 영향을 받는 것이 아니라는 것을 고려할 때 이러한 견해는 설득력이 약한 것으로 보인다.

5) 콘드라티에프 순환

자본주의 경제는 장기순환(long cycle) 또는 장기파동(long wave)을 나타내는 것은 일찍부터 알려져 왔다. 그러나 이를 보다 체계적으로 연구한 학자는 러시아의 콘드라티에프(N. D. Kondratief)였으며, 슘페터가 이를 콘드라티에프 순환(Kondratief cycle)이라고 명명한 이래 지금까지 보편적인 이름으로 받아들여지고 있다.

콘드라티에프는 영국, 미국, 프랑스, 독일의 약 1세기에 걸친 각종 통계를 면밀히 검토한 결과 대략 40-60년 주기의 장기순환이 모든 국가에 나타나고 있음을 발견하였다. 이러한 주기현상은 물가, 이자율, 임금과 같은 가격계열에서 뿐만 아니라 석탄, 선철, 납 등의 생산, 소비와 같은 물량계열에서도 나타나고 있음을 발견하였다.

이러한 장기순환은 그 이후 밋첼(W. Mitchell)과 번즈(A. Burns), 스피트호프(A. Spiethoff), 한센(A. Hansen), 슘페터(J. Schumpeter) 등에 의해 재확인되었다. 그러나 학자에 따라 장기순환의 주기, 정점, 저점 등에 대해서는 상당한 차이를 보이고 있는 것이 사실인데 이는 각 학자들이 이용한 통계 시계열의 종류와 수치에 차이가 있기 때문이다. 따라서 순환의 연도표시는 일률적으로 결정하기 어렵게 된다.

콘드라티에프의 순환을 간단히 소개하면 <표 6-1>과 같다. 경기순환의 확장기는 기술혁신, 신자원의 개발, 신영토의 개척 등에 의하여 야기되며 이러한 혁신활동이 일단락되면서 수축기가 나타난다는 것이다. 예를 들면 제1순환의 상승기는 산업혁명에 의한 방적, 제철산업의 등장에 의해 시작되었으며 이러한 산업발전이 일단락되면서 수축기가 나타난다는 것이다. 이러한 산업발전이 일단락되어 경제조직이 이에 대응하는 기간이 하강기이다. 제2순환의 상승기는 철도에 대한 방대한 투자에 의해 야기되었으며, 제3순환의 상승기는 전기, 화학 및 자동차공업의 획기적 발전에 기인한다.

〈표 6-1〉 콘드라티에프의 장기순환

	확장기		수축기		주기	주요산업
	저점	정점	정점	저점		
제1순환	1790–1815		1815–1848		58	방적 및 제철
제2순환	1848–1873		1873–1896		48	철도
제3순환	1896–1920		1920–1933		37	전기, 화학, 자동차
제4순환	1933–1951		1951–1972		39	
제5순환	1972–					

슘페터의 설명은 제3순환까지의 설명에 그치고 있지만, 그의 견해를 연장해서 적용하면 제4순환의 상승기는 전자, 석유화학, 기계 및 건설업의 발달로 설명될 수 있을 것이며, 제5순환의 상승기는 최근에 논의되고 있는 우주공학, 로버트산업, 컴퓨터산업, 유전공학 등의 발전과 실용화 등에서 시작될 것으로 보인다.

3. 경기지수

1) 경기지수의 의의

국민경제적 입장에서 본 경제활동이란 그 국민경제의 총체적 경제활동(aggregate economic activity)을 의미하는 것으로 보아야 하겠지만, 국민경제는 수많은 경제활동의 복합체이므로 총체적 경제활동이 구체적으로 어떤 경제변량에 의해 대표될 수 있는가 하는 문제는 단순하지 않다.

이러한 어려움을 해결하는 방법의 하나가 경기지표(business index)에 의한 방법이다. 여러 개의 중요한 경제변량들(생산량, 건축허가면적, 출하지수 등)을 선택하여 각 변량에 가중치를 주어 합계함으로써 하나의 종합적인 지수를 만들어 내어 이 지수로써 총체적 경제활동의 수준을 나타내게 하는 것이다.

이러한 경기지수에 의한 방법은 보다 현실에 가까운 경제활동의 수준을 나타낼 수 있다는 장점을 지니고 있는 반면에, 한편으로는 어떤 경제변량을 선택할 것인가, 각 경제변량에 어느 정도의 가중치를 부여할 것인가에 대하여 지수작성자의 자의성이 강하게 작용할 여지가 있기 때문에 객관성이 결여될 수 있다는 약점을 지니고 있다.

이에 더하여 경기지수에 의한 방법은 경기변동의 이론적 전개와 관련해서도 문제점을 가지고 있다. 경제변동이론이 국민경제의 총체적 경제활동을 대상으로 한다면 거시적 이론체계가 이용될 수밖에 없는데, 그 이론체계 내에서는 거시경제변량들을 사용하게 되므로 앞에서와 같은 지수의 개념을 도출하기 어렵게 되기 때문이다.

이렇게 볼 때 어떤 변량으로 경제활동을 대표하는 것이 가장 이상적인가 하는 문제는 이론적으로는 해결될 수 없는 것이겠지만, 한센은 국민소득, 고용, 물가로써 경기를 나타내는 방법을 제시하고 있으며, 특히 한 개의 변량을 선택할 경우에는 국민소득이 가장 적당한 개념이라고 말하고 있다.

경기지수가 갖는 이러한 문제점에도 불구하고 한국을 포함한 세계 각국에서 현실적으로 다양한 경기지수가 작성되어 활용되고 있으므로 이하에서는 경기지수의 종류, 작성방법 등에 대해 구체적으로 살펴보기로 하되, 먼저 다음과 같은 점에 유의하여야 할 것이다.

첫째, 경기지수(business index) 또는 경기지표(business indicator)에는 경제활동 수준 그 자체를 나타내는 지수, 즉 추세치와 경기순환치를 함께 포함하여 나타내는 지수도 있고, 또한 추세치를 제거하고 경기순환치만을 나타내는 지수도 있다. 그러나 일반적으로 계절변동치와 불규칙요인은 제거·조정되어 경기지수에 반영되지 않는다.

다음으로 경기지수는 경제활동의 분석시점의 상태를 나타내는 동행지수(coincident index), 분석시점을 기준으로 하여 볼 때 앞으로의 상태를 나타내어 미래의 경제활동수준을 예측할 수 있는 선행지수(leading index) 및 분석시점의 경제활동수준을 사후적으로 확인하는데 사용되는 후행지수(lagging index)가 있다.

2) 경기지수의 종류

(1) 경기확산지수

이 지표는 미국의 국가경제연구위원회(National Bureau of Economic Research; NBER)에 의해 1936년 최초로 작성되었으며, 경기확산지수

(diffusion index: DI) 또는 경기동향지수라고 불리우는 지수이다. 경기확산지수는 경기변동요인이 어떤 특정 부문으로부터 나타나 점차 확산 또는 수축되어 가는 파급과정을 선정된 경제변량의 확대 또는 축소하는 상황을 종합하여 지수화한 것이다. 물론 선정된 경제변량의 성질에 따라 선행, 동행, 후행지수로 구분할 수 있으며, 선정된 경제변량의 선행, 동행, 후행성은 과거의 경험을 기초로 하여 분류된다. 또한 이는 과거의 경험적 사실이 분석시점 및 그 이후에도 계속될 것이라는 전제 하에서 작성된다. 확산지수는 다음과 같은 계산식으로 표현된다.

$$\text{확산지수(DI)} = \frac{\text{전기에 비해 확대된 경제변량의 수}}{\text{선정된 경제변량의 총지수}} \times 100 \qquad (6\text{-}1)$$

위의 계산식에 의하면 확산지수의 값은 0-100%의 값을 갖게 되며 50%를 초과하면 선정된 총경제변량 중 50%가 넘는 경제변량이 확대되고 있다는 것을 의미하므로 이는 경제활동의 상승국면을 나타내며, 50% 미만일 때는 반대로 경제활동의 하강국면을 나타낸다. 또한 확산지수는 경제활동의 정점과 저점에서는 50%의 값을 갖게 되는데, 50%선을 위로부터 아래로 끊게 되는 경우에는 정점을, 반대로 50%선을 아래로부터 위로 끊게 되는 경우에는 경제활동의 저점을 나타내는 점에 유의해야 한다.

이는 확산지수가 위로부터 아래로 50%선을 끊을 때는 계속 상승국면에 처해 온 경제활동이 더 이상 상승하지 않게 된다는 것을 의미하므로 확산지수가 50%일 때 경제활동수준은 최대값, 즉 정점에 이르기 때문이다. 반대로 확산지수가 50%선을 아래로부터 끊을 때는 지금까지 하강국면에 처해 있던 경제활동이 더 이상 하강하지 않는다는 것을 의미하므로 경제활동은 이 점에서 최소의 값 즉 저점에 이르게 되는 것이다.

이렇게 작성된 확산지수는 계산방법과 해석이 비교적 간편하여 경제활동의 전환점을 쉽게 나타내는 장점을 갖는 반면, 경제활동의 심도(진폭)를 나타내기 힘들다는 단점을 지니고 있다. 이는 선정된 변량 간의 상대적 중요도를 무시하고 동일하게 취급하는 다수의 원리에 의함으로써 확산지수의 값이 큰 의미를 갖지 못하기 때문이다. 이에 더하여 확산지수의 작성을 위해 선정된 경제변량은 과거의 경험에 기초하고 있어서 이론적 설득력이 약하며, 경제변량의 선정에 지수작성자의 자의성이 크게 작용할 여지가 크므로 지수작성기관에 따라 상당한 차이를 보일 수 있다는 것이 단점으로 지적될 수 있다.

(2) 기업실사지수

기업실사지수(business survey index: BSI)는 기업활동의 과거실적, 장래계획 및 현재의 경기동향에 대한 기업가의 의견을 직접조사하여 이를 기초로 하여 경기동향을 파악하고 예측하고자 하는 지수이다. 즉, 경제활동의 동향을 피부로 가장 민감하게 느끼는 기업가의 의견에 의하여 경기상황을 판단하고 예측하는 것이다. 이러한 기업실사지수는 계량경제모델에 의한 경기분석과 예측을 보완하는 수단으로 선진제국에서 널리 활용되고 있으며, 우리나라에서도 작성기관에 따라 조사방법과 내용은 다소 차이가 있지만, 생산성본부에서 최초로(1964년 하반기) 실시한 이래 한국은행을 비롯하여 산업은행, 전경련, 상공회의소, 무역협회 등에서 작성하고 있다.

기업실사지수는 기업활동의 변화방향만을 조사하는 방향조사와 실액(實額)을 조사하는 계수조사의 두 형태가 있다. 계수조사방법은 조사항목에 대한 실적과 예측을 모두 실액으로 파악하여 그 중

감률에 의해 경기상황을 분석하는데 비해 방향조사는 기업가의 의견을 전기에 비해 증가, 동일, 감소의 3가지 범주 중 어디에 속하는지 그 변화방향만을 조사한다. 두 조사방법이 보완적으로 활용될 수 있지만, 우리나라의 경우 산업은행을 제외하고는 모두 방향조사만을 하고 있으므로 여기서는 방향조사에 의한 기업실사지수 작성방법을 소개하기로 한다.

$$BSI=\frac{\text{증가표시기업체수} - \text{감소표시기업체수}}{\text{조사기업체의총수}}\times 100+100$$

(6-2)

위의 계산식에 의하면 증가표시 기업체수와 감소표시기업체수가 같을 때는 기업실사지수가 100으로 경제활동은 현재 수준을 유지하는 것으로, 100을 초과하면 확장을, 100미만이면 수축을 의미하는 것으로 해석된다.

경기실사지수는 경제활동의 주역을 담당하고 있는 기업가의 의견을 기초로 하고 있으므로 경제현실을 잘 반영할 수 있는 장점을 지닌 반면에 또한 여러 가지 단점도 지니게 된다. 선정된 기업가의 개인적 주관이 심하게 작용할 여지가 많으므로 기업의 선정방식에 따라 그 값이 상당히 변화하게 되며, 또한 선정된 기업의 상대적인 중요도가 반영되지 못하는 등의 단점을 지닌다.

(3) 경기종합지수

경기종합지수(composite index: CI)는 경제활동의 양상을 종합적으로 나타내는 지수이다. 경기확산지수나 기업실사지수가 경제활동의 변화방향이나 전환점만을 나타내고 있는데 반해서, 경기종합지수는 경제활동의 변화방향, 전환점 및 진폭을 동시에 나타내는 종합적인 경기지수이다. 경기종합지수에는 동행지수, 선행지수, 후행지수 등이 있다. 동행종합지수(coincident composite index)는 분석하는 현시점의 경제활동수준을 나타내는 지수이다. 선행종합지수(leading composite index)는 앞으로의 경제활동수준을 예측하는 지수이다. 만약 3개월 선행지수이면 3개월 후의 경제상황을 예측하는 수단으로 활용된다. 후행종합지수(lagging composite index)는 분석시점 이전의 경제상황을 재확인하는 데 사용되는 지수이다.

4. 경기순환의 국면

경기순환은 몇 가지 국면(phase)을 달리하는 단계를 가지고 있다. 경기순환이 어떠한 단계를 경유하면서 반복하는가를 이해하는 것은 경기지표와 더불어 경기예측을 하는데 도움이 된다. 여기서 경기순환이라는 것은 주로 주순환 즉 쥬글라 파동을 지칭하고 있다.

경기순환의 국면을 분류하는 방법은 여러 가지가 있지만, 가장 일반적으로 활용되고 있는 것은 밋첼(W. Mitchell)의 2분법과 슘페터(J. Schumpeter)의 4분법이다.

1) 밋첼의 2분법

밋첼은 경기순환의 정점(peak, ceiling)즉 상부전환점(upper turning point)과 저점(trough, floor) 즉 하부전환점(lower turning point)을 가지게 된다고 하고, 저점에서 정점까지를 확장국면(expansion phase) 또는

상승국면(upturn, upswing)이라고 부르고, 정점에서 다음 저점까지를 수축국면(contraction phase) 또는 하강국면(downturn, downswing)이라 분류하였다. 그러므로 경기순환을 확장과 수축이 반복되는 현상으로 해석하였다.

경기순환에 관한 연구가 본래 경기순환의 상부전환점에서 일어나는 공황(crisis, panic)현상에 대한 연구에서 시작되었으므로, 밋첼은 경기순환의 한 주기를 하나의 저점과 다음의 저점간의 기간으로 잡고 있다.

2) 슘페터의 4분법

슘페터는 하나의 경기순환을 호황국면(prosrerity phase), 후퇴국면(recession phase), 불황국면(depression phase), 회복국면(recovery phase) 등 4 국면으로 나누고, 경제활동이 정상적인 수준을 유지하는 상태를 정상상태(nomal business state) 또는 균형상대(equilibrium state)라고 칭하고 있다.

① 불황국면: 사업활동이 위축되고, 약체기업들은 도태되며, 실업자가 증가한다.
② 회복국면: 증권투자가 성행하고 기업활동이 회복되기 시작하며, 고용이 증가한다.
③ 호황국면: 투자활동은 경제의 모든 영역에 파급되고, 투자가 투자를 불러 일으켜서 유통량과 생산량을 증대시키고, 국민소득을 증대시킨다. 이상과 같은 호황이 급속히 다가올 때를 특수경기(boom)이라고 하고, 호황국면의 최고정점에서 경기후퇴국면이 나타나기까지 호황이 어떤 요인으로 상당한 기간에 걸쳐서 계속된 상태를 고원경기

(plateau)라 한다.

④ 경기후퇴: 호황이 끝날 무렵이 되면 금융이 극히 곤란해지고, 이자율이 폭등한다. 따라서 생산의 감소, 실업의 증가, 소득의 감소, 기업의 파산 등의 현상이 나타난다. 특히 금융시장의 붕괴로 인하여 위와 같은 현상이 격심하게 나타나는 경우를 경제공황(crisis, panic)이라 한다.

제7장 조세론

1. 조세의 의의

1) 조세의 개념

조세란 국가가 수입조달을 위해 개별적 반대급부를 제공하지 않고 공권력에 의해 강제적으로 징수하는 수입이다. 조세는 강제적으로 징수되는 수입이라는 점에서 비강제적인 국가수입인 관유재산수입, 관공업수입과 같은 사경제적 수입과 구별된다. 여기서 강제적으로 징수한다는 것은 세액, 세율, 징수방법 등이 국가의 일방적 의사에 의해서 결정되며 납세자의 승인과 같은 의사표시를 필요로 하지 않음을 의미한다.

또한 국가는 조세를 징수함에 있어서 개별 납세자에 대해 개별적으로 반대급부를 제공하지 않는다. 사경제에 있어서는 수입을 획득하자면 원칙적으로 그 대가를 지불해야 한다. 이 점이 조세와 사경제에 있어서의 수입과 차이가 있다. 또 조세와 같이 국가의 강제적 수입의 일종인 수수료, 사용료 등의 행정수입은 그에 대해 특정의 용역을 제공하는 것이므로 급부, 반대급부의 관계가 성립되며, 이 점에 있어서 조세는 행정수입과는 다르다.

국가는 징수한 조세를 재원으로 하여 그 기능을 수행함으로써 국민전체에 대해 예컨대 생명안전, 재산의 보장, 사회정책적 이익 등을 제공하며, 이런 점에서 본다면 조세도 무상적으로 징수되는 것이라고는 말 할 수 없다.

그러나 이 경우에도 국가는 납세자 전체에 대해 개별적 대가를 지불하는 것은 아니다. 즉 조세는 일반적 보상원칙에 의한 수입이며, 이것이 조세가 개별적 보상원칙에 입각하는 사경제에 있어서의 수입이나 행정적 수입과 본질적으로 다른 점이다.

2) 조세의 목적

조세는 경비를 지불하기 위한 재정수입의 조달을 그 목적으로 한다. 조세는 본래 재정수입을 조달하기 위해 강제적으로 징수하는 것이며, 이 점에 있어서 강제적 징수이지만, 재정수입을 목적으로 하지 않은 수입, 예컨대 벌금, 과료 등과는 구별된다. 조세가 재정수입을 일차적 목적으로 하는 것이지만, 수입목적에만 한정지을 수는 없다. 즉 조세는 국가에 의한 구매력의 획득이므로 국민생활, 국민경제에 대하여 반드시 어떤 영향력을 미치기 마련이며 이러한 영향을 전혀 무시하고 수입목적만 강조할 수는 없는 것이다. 그리하여 국가는 조세의 이와 같은 효과를 이용하여 그때 그때의 요청에 따라 수입목적 이외의 여러 가지 목적을 달성하려고 한다. 조세를 통하여 국가가 달성하려고 하는 정책목적 중 가장 중요한 것은 사회정책 목적과 경제정책적 목적이다. 사유재산제도를 기본 축으로 경제활동의 자유와 경쟁, 이윤추구를 양 바퀴로 운용되는 자본주의 경제는 필연적으로 자본의 집중과 집적을 가져오고 그 결과는 소득과 재산의 분배의 불공정을 야기하였다.

따라서 공정한 사회질서를 확립하기 위해 조세의 기능이 강조되어 왔는데, 그 대표적인 것은 와그너 등의 19세기 독일의 사회정책 학파이다. 와그너는 「조세에는 재정상의 의의와 사회정책상의 의의가 있는데, 재정상의 의의에서 본다면 조세는 재정상의 필요를 충족하기 위해 징수되는 것이지만, 사회정책적 의의에서 본다면 조세란 재정상의 필요를 충족하는 동시에 그 필요의 유무를 불구하고 경제적·법률적 질서에 의해 결정되는 국민소득 및 재산의 분배를 시정하고 또 개인소득 및 재산의 사용을 규제하고 변경할 목적으로 징수되는 공과이다」라고 말하고 있다.

소득세, 상속세, 재산세의 누진과세를 통하여 소득분배의 불공평을 시정해야 하고 또 시정할 수 있다는 것이다. 이러한 누진과세가 담세능력에 따르는 과세임은 이론적으로 인정되고 있으며, 또 실제로 오늘날 각국의 세제에 있어서 널리 채택되어 소득, 재산의 분배를 수정하는 역할을 다 하고 있다. 다음에 조세는 중요산업의 보호·육성, 자본축적, 소비억제, 경제의 안정 및 성장과 같은 경제정책적 목적을 달성하는 수단으로도 흔히 사용된다.

예컨대 외국산업에 대하여 국내산업을 보호·육성하기 위한 보호관세, 중요산업의 육성을 위한 소득세, 법인세의 감면제도, 자본축적을 목적으로 공사채 및 예금이자에 대한 소득세의 감면, 그리고 소비, 특히 사치적 소비를 억제하기 위한 각종 소비세의 고율과세 등은 경제정책적 목적을 달성하기 위한 조세의 사용사례이다. 특히 보호관세에서 볼 수 있는 바와 같이 조세 본래의 목적인 수입획득은 부차적이고 오히려 국내산업의 보호·육성이라는 경제정책 목적이 되고 있는 경우도 있다.

이상과 같이 조세의 정책적 목적 중에서 중요한 것은 사회정책적 목적과 경제정책적 목적이다. 그러나 조세정책에 대한 경제정책적 요구와 사회정책적 요구는 반드시 일치하는 것은 아니다. 따라서 양자의 관계를 어떻게 조정하는가 하는 것이 가장 중요한 정책적 과제이다. 때로는 이상의 두 요구가 합치되는 경우도 있을 수 있다.

예컨대 케인즈에 의하면, 고도로 발달한 자본주의사회에 있어서 불황과 그에 따른 대량실업이 발생하는 원인의 하나는 사회의 평균소비성향이 과소하여 소비가 증대하는 생산력을 따라가지 못하여 생기는 현상으로 지적하고 있다. 따라서 불황을 극복하여 완전고용을 실현하기 위한 방법으로 누진세의 적용에 의하여 소득분배를 되도록 평준화하여 평균소비성향을 높이는 것이라고 한다. 이 경우 선진자본주의 국가에서는 경제정책적 요구와 사회정책적 요구가 합치되는 경우이다.

그러나 이상의 두 요구가 합치되지 않는 경우가 흔히 나타난다. 자본축적이 미약한 후진국에서 경제개발을 촉진하기 위해서는 자본형성이 무엇보다 요구된다. 이런 점에서 소비세를 중심으로 하는 간접세에 치중하는 조세제도가 나타나는데 간접세는 일반적으로 직접세보다는 조세부담이 소득에 대하여 역진적이기 때문에 저소득층의 조세부담이 고소득층의 조세부담보다는 실질적으로 높게 되어 부담이 불공평하게 된다. 경제정책적 요구가 사회정책적 요구보다 우선시되는 경우의 예이다.

조세가 국민생활 및 국민경제에 미치는 영향력이 갈수록 커지는 추세에 있는 한 경제정책적 목적이나 사회정책적 목적이 중요하고 양자를 적정하게 조정하는 일이 중요한 과제임에는 틀림없으나 조세의 일차적 목적은 수입조달에 있다고 보아야 한다.

2. 조세의 분류와 조세의 원칙

1) 조세의 분류

(1) 직접세와 간접세

이 구분은 조세의 분류 중 가장 보편적이고 중요한 것이지만, 어떠한 표준에 의해서 직접세와 간접세로 구분하는가에 관해서는 여러 가지 학설이 있다. 프랑스의 중농학파는 토지만이 유일한 생산의 원천이라고 간주하여 토지에 부과되는 조세를 직접세라고 하고, 그 이외에 것에 부과되는 조세는 결국 토지에 전가되어 간접적으로 그 부담이 되므로 간접세라고 하였다. 그러나 현재에 있어서는 국가의 조세전가에 관한 기대의사를 표준으로 하는 분류가 통설이다. 즉 국가가 조세를 납부하는 자로 하여금 이를 부담시킬 의사로 부과하는 것을 직접세라고 하고 조세부담을 타인에게 전가할 것을 예상하여 부과하는 조세를 간접세라고 한다.

예컨대 소득세, 상속세 등은 그 납세자에게 부담시킬 목적으로 부과되는 조세이므로 직접세이다. 그러나 소비세는 원래 소비자의 부담이 되는 것을 국가는 기대하지만, 소비자에게 일일이 부과하는 것이 곤란하기 때문에 편의상 생산제조업자 또는 중간상인에게 부과 징수하고 그들은 이를 가격에 포함시키는 방법으로 소비자에게 전가할 것을 기대하여 부과하는 것이므로 간접세이다.

그러나 조세전가의 여부는 결코 국가의 의도에 의해서만 결정되는 것이 아니고, 거래 당사자의 경제적 지위나 시장조건 등 여러 가지 복잡한 사정에 의해서 결정된다. 따라서 동일한 조세도 사정에 따라서는 전가되는 경우도 있고 전가되지 않는 경우도 있다. 그러므로 실제로는 국가의 의도가 반드시 실현된다고 할 수 없다. 즉, 직접세도 전가되는 경우가 있으며 간접세도 전가되지 않는 경우가 있다.

일반적으로 직접세는 누진세율의 적용, 면세점의 설립, 개인적 사정의 고려 등에 의하여 부담능력에 따른 공평한 과세가 가능하다. 한편 간접세는 그 대부분이 소비세이다. 오늘날 소비세는 그 대부분이 대중의 소비품 특히 수요의 탄력성이 작은 생활필수품에 부과되기 때문에 그 부담의 대부분이 대중에게 귀착되는 대중과세가 된다.

뿐만 아니라 소비세는 그 부담이 담세자의 담세능력을 고려치 않고 빈부의 차이를 고려치 않고 동일하기 때문에 소득에 대하여 역진적인 과세가 된다. 그리하여 일국의 조세제도가 국민의 조세부담과의 관계에 있어서 어떤 의의를 가지는가를 규명하는 기준으로 보통 직접세와 간접세의 비율이 인용되는 경우가 있는데 일반적으로 직접세의 비중이 큰 조세제도는 사회정책적이라는 평가를 받는다. 그러나 직접세만으로 일국의 조세제도를 100% 구성한다는 것은 불가능하므로 두 조세를 적당히 배합하는 것이 필요하다.

(2) 인세와 물세

조세는 소득, 재산 또는 자본에 부과된다. 이러한 소득, 재산 또는 자본을 획득 또는 소유하는 사람(조세주체)에 주목하여 과세하는 것이 인세(personal tax)이고, 이러한 소득, 재산, 또는 자본 그 자체에 주목하여(조세객체 또는 과세물건의 존재에 대하여) 부과하는 것이 물세(real tax)이다.

예컨대 재산세, 소득세 등은 인세이고 물품세 등은 물세이다. 인세는 사람을 중심으로 과세하는 것이기 때문에 납세자의 개인적 사정, 즉 소득이 많은가 적은가 또는 부양가족이 많은가 적은가 등을 고려하여 과세할 수 있다. 그러나 물세는 다만 객관적인 과세물건의 존재에 대해 과세하는 것이기 때문에 납세자의 개인적 사정을 고려할 수 없다.

따라서 부담능력에 따르는 공평한 과세라는 입장에서는 인세가 바람직하지만, 세원을 확실히 포착하여 과세할 수 있다는 점에서는 물세가 장점을 지니고 있다고 할 수 있다.

(3) 일반세와 목적세

조세는 국가의 일반적 경비를 조달하기 위해 징수되는 것이지만, 때로는 특정한 목적에 필요한 경비를 충당하기 위해 징수되는 일이 있다. 이와 같이 특정한 목적을 위해 징수되는 조세를 목적세라 하고, 이에 대하여 보통 징수하는 조세를 일반세라고 한다. 목적세는 그 용도가 구체적이고 특정 목적을 위한 것이기 때문에 납세자의 납득을 얻기가 비교적 쉽다는 장점이 있지만, 그 목적 이외에는 사용할 수 없기 때문에 재정수입간에 피차 융통이 곤란하게 되고 각 경비지출의 불균형이 발생될 뿐 아니라 낭비되기 쉽다는 이유로 일반적으로 배척되고 있다.

우리나라에서 한 때 국방비 충당을 위해 징수되었던 방위세가 목적세였으며 현행 세법 가운데서도 교육재원 마련을 위한 교육세, 교통문제 해결을 위한 교통세, 농어촌의 생산력 증대를 위한 농어촌 특별세 등이 목적세로 징수되고 있다.

(4) 종가세와 종량세

소비세 또는 관세를 과세하는 방법으로 과세표준을 상품가격으로 하는 경우와 상품의 용적이나 수량으로 하는 경우가 있다. 전자가 종가세(ad valorem)이고, 후자가 종량세(specific duty)이다. 종가세는 부담이 공평하다는 장점이 있지만 그 평가가 곤란하다. 종량세는 과세가 간단하다는 장점이 있지만 부담이 불공평하다는 단점이 있다.

(5) 독립세와 부가세

독립세는 다른 조세와 상관없이 독립적으로 과세되는 조세이다. 부가세는 다른 조세의 일정 비율을 부과하여 과세되는 조세이다. 예컨대 국세 또는 도세로 10만원을 납부한 자에 대하여 하급 지방자치단체에서 그 지방세로서 10% 즉 1만원을 부과하는 경우이다. 지방독립세는 분권주의 국가인 영국에서 발달하였고, 부가세는 중앙집권주의 국가인 프랑스에서 발달하였다.

부가세주의의 장점은 일국의 조세체계가 비교적 간단하고 징세비가 적으며, 세제에 있어서 전국 또는 모든 지방간의 통일을 기할 수 있다는 점이다. 그리고 단점은 각 지방 특유의 사정에 적합한 독자적인 과세를 행할 수 없다는 것과 중앙정부와 지방자치단체 또는 상급, 하급 두 자치단체 쌍방에 관련되기 때문에 개정이 곤란하다는 것, 본세가 적정하지 않는 경우 그 폐단이 확대된다는 것 등이다. 독립세주의의 장단점은 그 반대이다.

2) 조세의 원칙

(1) 조세원칙의 의의

조세원칙이란 조세정책이 의거할 원칙이다. 구체적으로 말하면 조세원칙은 현실적인 조세제도를 설정함에 있어서 그 기준이 되는 원칙이다. 즉, 개개의 조세내용이나 합하여 전체 조세체계를 조직함에 있어서 지켜야 할 원칙이다. 조세원칙으로서 가장 유명한 것은 아담 스미스와 와그너의 조세원칙이다.

(2) 아담 스미스의 조세원칙

아담 스미스는 조세원칙으로 다음과 같은 4대 원칙을 들고 있다.

a) 평등의 원칙

각국의 국민은 각자의 능력에 비례하여 환언하면 그들이 각각 국가의 보호하에 획득하는 수입에 비례하여 정부를 유지하기 위해 납세하여야 한다.

b) 확실의 원칙

조세의 지불기일, 지불방법, 지불액은 납세자에게는 물론 누구에게나 명확하여야 한다. 징세리의 자의에 의해 조세가 좌우되어서는 안 된다.

c) 편의의 원칙

조세는 납세자에게 가장 편리한 시기와 방법으로 징수되어야 한다.

d) 징세비 최소의 원칙

조세는 징세비가 가장 적게 들도록 과징되어야 한다. 이 원칙을 실행하기 위해서는 첫째로, 징세관리를 너무 많이 채용하여 그 봉급이 조세수입의 대부분을 잠식해서는 안 된다.

둘째로 조세가 국민의 산업활동을 저해하고 자본을 침해해서는 안 된다. 셋째로 탈세자에 대한 몰수 기타의 형벌에 의해 그들을 파산케 하고 자본을 상실케 해서는 안 된다. 탈세를 방지하기 위해서는 형벌에 의존할 것이 아니고 조세제도를 개선해야 한다. 넷째로 징세관리들이 빈번히 납세자를 방문하고 조사함으로써 그들을 괴롭히는 일을 해서는 안 된다.

이상이 스미스의 유명한 조세원칙인데 a)의 평등원칙을 제외하고는 세무행정상의 표준이라고 보아야 한다. 따라서 스미스는 평등의 원칙을 기초로 하여 조세제도의 기준을 제시하였다고 보아야 하겠다.

(3) 와그너의 조세원칙

와그너의 재정사상의 특징은 재정학의 기초에 사회정책이론을 도입하였다는데 있다. 와그너는 국가는 자유주의자가 생각하고 있는 바와 같이 개인의 생명과 재산의 안전을 보장하는 활동만 수행할 것이 아니라 더욱 나아가 사회정책적 기능을 수행하여야 한다고 생각하였다. 그는 이와 같은 생각과 시대정신을 배경으로 스미스의 4원칙을 포섭하는 다음과 같은 4부문 9원칙을 제시하였다.

a) 재정정책상의 원칙

① 과세의 충분성: 조세는 국가경비를 충당하는데 충분한 수입을 올려야 한다.

② 과세의 가동성: 경비의 증가 또는 조세 이외의 수입의 감소로 인한 재정수입의 부족이 증세 또는 자연증수에 의하여 용이하게 메워질 수 있도록 탄력성 있는 조세제도를 설정하여야 한다.

b) 국민경제상의 원칙

③ 적절한 조세의 선택: 과세의 의해 국민경제를 저해하지 않도록 하기 위해서는 적절한 세원의 선택이 필요하다. 세

원으로는 소득, 재산 또는 자본이 생각되지만, 원칙적으로 소득을 세원으로 선택해야 한다. 만약 재산 또는 자본에 과세하면 국민자본이 감소하고 세원은 머지 않아 고갈되어 재정정책으로도 불리할 뿐만 아니라 국민경제를 압박하는 결과를 가져올 것이다. 그러나 조세수입이 생산목적 또는 사회정책 목적을 위한 경비에 지출되는 경우에는 재산 또는 자본을 세원으로 하여도 좋다. 이 경우에는 과세는 사경제를 압박하게 되지만 국민경제적 견지에서 본다면 오히려 유리한 결과를 가져올 것이다.

④ 조세의 작용을 고려한 세종의 선택: 국민경제상의 원칙과 공정의 원칙에서 국가가 조세를 부담시키려고 하는 자에게 그 부담이 귀착되도록 조세의 전가를 고려하여 조세의 종류를 선택해야 한다.

c) 공정의 원칙

⑤ 과세의 보편성: 공정이란 개념은 절대적인 것이 아니다. 그것은 시대와 장소에 따라서 그 내용이 변화하며 또 사경제적 자유경쟁제도와 밀접한 관계가 있다.

만약 이 제도를 무조건 합리적인 것으로 인정한다면 이 제도에 의해 자연적으로 발생하는 소득, 재산의 분배상태는 정당한 것이 된다. 따라서 과세의 보편성이라는 것은 소득, 재산의 대소나 그 성질에도 모든 국민이 납세하여야 된다는 것을 의미한다.

또 최소생활비의 면세도 있을 수 없다. 그러나 현대에 있어서 이상과 같은 견해는 부당하며 조세를 징수함에 있어서는 사회정책적 요구를 가미해야 한다. 이 사회정책적 관점에서 과세의 보편성을 실현하려면 소득과 노동소득에 대해서는 특정조세를 면제하고 최저생활비 이하의 소득에 대해서는 면세하여야 한다.

⑥ 과세의 형평성: 과세의 평등성도 사경제적 자유경쟁 제도의 결과인 분배상태를 시인한다면 소득 재산의 대소, 그 성질에도 불구하고 비례세가 타당하게 될 것이다. 그러나 이와 같은 자연적 분배상태를 그대로 시인하지 않고 사회정책적 요구를 가미한다면 조세는 비례세가 아니고 누진세이어야 한다. 또 최저생활비의 면세는 과세의 평등성을 실현하기 위해서도 필요하며 재산소득, 불로소득에 대해서는 노동소득에 대해서보다도 중세하여야 할 것이다.

d) 세무행정상의 원칙

⑦ 과세의 명확성

⑧ 과세의 편익성

⑨ 최소징세비의 노력

세무행정상의 원칙에 관한 와그너의 설명은 스미스의 확실한 원칙, 편의의 원칙, 최소징세비의 원칙과 거의 같으므로 여기서 그 내용을 다시 설명할 필요는 없다. 이상과 같은 와그너의 조세원칙은 오늘날 각국의 조세제도의 제정에 반영되고 있다.

그런데 이와 같은 조세원칙은 서로간에 어느 정도 모순된다. 특히 소득분배상의 공정의 원칙은 국민경제상의 원칙과 모순되는 경우가 흔하다. 예컨대 고소득에 대한 고율과세는 소득분배상의 관점에서는 요망되지만 지나친 고율과세는 근로의욕, 투자의욕을 저해할 우려가 있다.

이러한 제 원칙간의 모순에 대해서는 적당한 조정과 타협을 도모하는 수밖에 없다. 또 여기서 주의해야 할 점은 조세의 원칙은 결코 절대적인 것이 아니라 언제나 상대적·역사적 개념에 불과하다는 것이다.

3. 조세의 체계와 부담의 한도

1) 조세체계

오늘날 각국에서는 복세제도가 채용되고 있는데 그 구성내용은 국가에 따라 다소 다르지만, 소득을 대상으로 하는 조세군, 재산을 대상으로 하는 조세군, 소비를 대상으로 하는 조세군, 그리고 재화의 유통을 대상으로 하는 조세군으로 성립되고 있다. 조세제도의 이와 같은 구조는 세원인 소득을 완전히 포착한다는 요구에서 나온다. 선진 자본주의 경제에 있어서는 소득은 다양한 형태를 가지고 있으며 국민경제의 순환과정도 복잡다기한 것이기 때문에 소득을 획득한다는 현상에 착안하는 소득세만으로는 소득을 완전히 포착하기 어렵다. 그리하여 재산(소득의 누적)을 소유한다는 사실에 착안한 재산세, 재화를 소비하는(소득의 지출) 사실에 착안하는 소비세, 그리고 재화의 이전이라는 행위에 착안한 유통세가 필요하게 된다.

즉, 국가는 사람들의 경제활동의 모든 면에 착안하여 세원인 소득을 완전히 포착하려고 한다. 그러나 현실의 조세제도는 그 나라 그 시대의 실정에 적합한 것이어야 하므로 어떤 국가가 어떤 조세체계를 갖느냐 하는 것은 국민의 납세도의 수준, 과세 기술상태에 따라 결정된다. 현대의 조세체계의 유형은 대체로 다음 표와 같다.

〈표 7-1〉 조세체계의 유형

조세 체계	직접세	소득세계열: 소득세, 법인세 등
		재산세계열: 재산세, 상속세, 증여세 등
	간접세	소비세계열: 물품세, 관세 등
		유통세계열: 등록세, 유가증권거래세 등

2) 조세부담의 한도

조세부담의 문제는 결국 세원의 문제이다. 원본 불가침의 원칙에 따라 조세의 재생산을 가능케 하는 재산 또는 자본의 잠식 없이 국민의 소득 중 어느 정도까지 과세될 수 있느냐 하는 것이다. 국민경제는 국민이 자본과 노동을 투자하여 재화와 용역을 생산하는 순환과정인데 생산물의 일부는 국민의 소비에 충당되고 나머지는 저축되어 이 저축이 재생산을 위한 투자에 충당된다. 조세는 이와 같은 경제순환과정에 있어서 국민이 생산한 생산물 즉 소득의 일부를 정부의 사용을 위해 징수하는 것이다. 따라서 국민소득은 소비, 저축 및 조세로 구성된다. 따라서 조세, 소비, 저축은 국민소득을 나누어 가지는 관계에 있다. 조세부담이 증대하면 그만큼 국민소득과 저축을 수축시키게 되며 반대로 조세가 경감되면 그만큼 국민소비 또는 저축은 증대한다. 그러면 조세는 국민의 최저생활수준을 침식해서는 안 될 것이고 국민경제의 재생산에 필요한 수준의 자본축적을 저해해서는 안 될 것이다.

그러나 국민의 최저생활수준은 어떤 것이며 국민경제의 재생산을 가능케 하는 저축수준은 어떤 것인가. 구체적으로 그 수준을 가늠한다는 것은 매우 어려운 문제이다. 학자들은 이와 같은 어려움을 조세가 국민소득에 차지하는 비율에 의해 이 문제를 해명하는 노력을 하고 있다.

예컨대 유스티(H. G. Justi)는 "조세가 소득의 1/3을 넘으면 가혹하고, 1/4에 달하면 과중하고, 1/6 정도면 중용, 11- 12%이면 가볍다"고 주장하였고, 콜린 크라크(Colin Clark)는 "조세의 한도는 국민소득의 25%이며, 이를 초과하면 물가의 등귀 등 국민경제에 있어서 여러 가지 장애가 발생한다"고 주장하면서 그 이유로 고용주와 노동자의 근로의욕이 감퇴하고 따라서 생산이 저하되며, 또 기업은 과중한 조세로 인하여 경비를 낭비하게 된다는 것을 들고 있다.

그러나 국민소득에 대한 조세의 비율이 일국의 조세부담에 대체적인 크기를 측정하는 하나의 기준이 될 수는 있으나, 이것만으로 일국의 조세부담의 경중, 그 한도 등에 관하여 판정할 수는 없다. 왜냐하면 일국의 조세부담을 비교함에 있어서는 다음과 같은 여러 가지 요인을 종합적으로 검토하여야 하기 때문이다.

2) 조세한도의 결정요인

일국의 조세부담의 경중이나 한도를 고찰함에 있어서 고려하여야 될 요소는 다음과 같은 것이 있다.

(1) 경비의 성질

조세에 의해 조달된 수입이 어떤 목적에 사용되는가에 따라 조세부담의 경중이 달라진다. 예컨대 국민경제의 생산력을 증대시키는 성질의 경비에 보다 많이 사용되는 경우와 군사비와 같이 국민경제의 재생산과정에서 탈락되어 버리는 소모적 경비에 보다 많이 사용되는 경우냐에 따라 조세가 국민생활에 미치는 영향은 전혀 달라진다.

생산적인 경우에 더욱 많이 사용되는 경우는 조세부담이 다소 높더라도 생산의 증대에 의하여 국민에게 이익이 되어 돌아오므로 그 조세부담을 견디어 낼 수 있다.

다음은 그 경비가 어느 정도 이전적 경비에 사용되는가 이다. 이전적 경비는 연금 또는 국채의 이자 등과 같이 그 소유권이 이전되는 경비이다. 따라서 이전적 경비를 충당하기 위해 조세가 징수되는 경우에는 어떤 국민으로부터 조세를 징수하여 다른 국민에게 이전함으로써 사회내부에 있어 소득을 재분배하는 과정에 불과하므로 다소 조세부담이 높다하더라도 견디기가 용이하다.

사회보장지출을 위해 조세를 중과하는 경우에도 마찬가지이다. 이 경우에도 국민경제 전체에서 본다면 다만 소득의 재분배에 불과하다. 주로 고소득층으로부터 많은 조세를 징수하여 그만큼 저소득층의 구제에 충당함으로써 재정기구를 통하여 국민소득이 재분배되는 결과가 된다.

따라서 조세부담이 다소 높더라도 견디어 나갈 수 있다. 사회보장제도가 잘 발달되어 있는 영국의 국민소득에 대한 조세비율이 타국에 비해 높은 데에는 그럴 만한 사정이 있는 것이다.

(2) 과세의 성질과 방법

과세방법의 여하에 따라서는 조세총액이 동일하더라도 국민에게 주는 부담감이 달라진다. 예컨대 소득세와 같은 직접세는 직접 국민에게 큰 증세감을 주는데 대하여 소비세 등의 간접세는 비교적 국민에게 직접적인 증세감을 주는 일이 적다고 할 수 있다. 같은 직접세라 하더라도 그 과세 방법이 기술적으로 진보하면 국민에게 미치는 영향을 적게 하면서도 많은 조세를 징수할 수 있는 경우도 있다. 소득세의 원천징수는 좋은 예라고 할 수 있다.

(3) 조세 이외의 강제적인 경제부담

조세와 경합적인 관계에 있는 강제적 부담 등은 조세부담에 영향을 미친다. 예컨대 강제기부, 강제공채, 공공단체 분담금, 수수료 등이다. 이러한 강제적 경제부담은 많으면 많을수록 조세부담능력은 적어지게 된다. 즉, 담세력의 한계는 그만큼 낮아지게 된다.

(4) 국민소득의 대소와 분포상태

국민소득이 증가하면 조세부담 그 비례 이상으로 증대하는 경향이 있다. 또 국민소득의 분배가 불평등하면 할수록 그 국민의 조세부담능력은 증대된다고 할 수 있다. 예컨대 2억원의 소득이 1인에게 집중되는 경우와 20인에게 1인당 1,000만원씩 분산되어 있는 경우를 비교해 본다면 기초적인 소비를 제외한 소득잔액이 전자가 훨씬 큰 것을 알 수 있다.

그리하여 예컨대 A국과 B국이 국민소득의 크기에 있어서는 동일하지만, 그 분배가 A국이 B국보다 불평등하다면, A국의 조세부담능력이 보다 크다고 할 수 있다.

(5) 기타 요소

이상의 요소 이외에도 그 나라의 직업구성, 경제구조(농업국가인가, 공업국인가) 국민생활양식, 문화수준, 납세도덕 등 제반 사정도 조세부담능력에 영향을 미친다.

조세의 한계 또는 부담능력을 판정함에 있어서 고려되어야 할 제요소, 제사정을 설명하였지만, 실제에 있어서 그 한계를 구체적인 숫자로 표시하기는 곤란하다. 다만 조세부담에는 스스로 한계가 있으며, 따라서 조세부담이 국민의 최저생활을 침해하거나 국민경제의 발달을 저해하는 것이 되어서는 안 된다고 추상적으로 말 할 수 있을 뿐이다.

4. 조세의 전가 및 경제적 작용

1) 조세전가의 의의

경제사회에 있어서 조세를 부과당한 사람은 조세를 납부하여야 된다. 그러나 실제에 있어서 납세자가 반드시 그 조세를 부담하는 것은 아니다. 조세부담은 납세자로부터 다른 어떤 사람에게로 또 경우에 따라서는 제2의 사람으로부터 제3자, 제4자에게로 이전하게 된다. 이와 같이 조세부담이 납세자로부터 다른 사람에게 이전되는 현상을 조세의 전가라고 한다. 조세전가의 현상은 엄밀하게 구분하면 전전(shifiting)과 귀착(incidence)으로 나누어진다.

전전이란 조세부담이 이전되는 과정이며, 귀착이란 조세부담이 최종적으로 어떤 사람에게 낙착되는 현상이다. 물론 어떤 조세는 납세자가 그 전부를 부담하여야 되지만, 대부분의 조세는 다소간 전가된다.

그러므로 조세의 부담을 공평하게 하자면 먼저 어떠한 조세가 어떻게 전가되는가에 관하여 명확하게 알아야 한다.

2) 조세전가의 형태

(1) 전전(前轉 forward shifting)

상품의 유통과정과 조세의 전가방향이 같은 경우이다. 상품의 유통과정에 있어서 전자 또는 전위자(생산자, 판매자)로부터 후자 또는 후위자(소비자, 구매자)에 조세부담이 전가되는 현상이다.

예컨대 소비세에 있어서 상품의 판매자에 조세가 부과되었을 때 그 판매자가 세액만큼 또는 세액의 일부만큼 상품가격을 인상함으로써 조세부담을 상품의 구매자인 소비자에게 이전시키는 경우이다.

(2) 후전(後轉 backward shifting)

전전의 경우와는 반대로 거래관계에 있어서 후자 또는 후위자로부터 전자 또는 전위자에게 조세부담이 이전되는 현상이다. 예컨대 상품의 생산자에게 조세가 부과되는 경우 생산자가 세액만큼 상품가격을 인상할 수 있으며 전전이 가능하지만 이것이 불가능할 경우에는 이 생산에 관련된 임금을 인하하거나 또는 원료가격의 인하를 요구하여 조세부담을 회피하려고 한다. 만약 생산자의 이와 같은 노력이 성공한다면 조세부담을 생산자로부터 노동자 또는 원료공급자에게 전가되게 되는데 이것을 후전이라고 한다.

(3) 갱전(更轉 further shifting)

전전 또는 후전된 조세가 다시 전가되는 것을 말한다. 예컨대 임목(林木)에 대한 조세가 재목의 가격인상에 의해 제재자로부터 가구제조업자에게로 이전되고 또는 그것이 가구의 가격인상에 의하여 가구제조업자로부터 가구의 구매자에게로 이전되는 경우이다.

(4) 소전(消轉 또는 배전 transformation)

생산자에게 조세가 부과되는 경우, 그것이 자극되어 생산방법을 개선하거나 경영을 합리화하여 세액만큼 생산비를 인하하여 조세부담을 면하는 경우이다. 이 경우에 조세는 아무도 부담하지 않게 되며 생산자의 수익도 종전과 다름이 없다. 그리고 전전, 후전이 교환과정에서 일어나는데 대하여 소전은 생산과정에서 일어난다.

(5) 조세환원 또는 상각(還元 또는 償却 tax capitalization)

주로 부동산 또는 유가증권에 대해 조세가 부과되었을 때 그 부담을 다른 사람에게 전가할 수 없을 때 과세물건의 가격이 그에 부과된 세액의 자본환원액만큼 하락함으로서 일어나는 현상이다. 예컨대 액면 10,000원으로 거래되고 있는 사채(社債)에 1%, 즉 100원의 조세가 부과되는 경우에 그때의 은행예금이자율이 10%라고 한다면 그 사채의 매가는 10,000원에서 1,000원(100원의 세액을 10%의 이자율로 환산한 금액)만큼 하락하여 9,000원이 된다.

즉 과세후의 사채구입자는 100원의 조세를 납부해야 되지만 세액의 자본환원액만큼 싸게 구입하게 되므로 실질적으로는 조세를 부담하지 않게 된다.

과세에 변경이 없는 한, 그 이후의 구입자는 모두 9,000원으로 구입하게 되며, 조세부담을 면하게 된다. 그리하여 납세자는 과세당시의 소유자이며 그 이후의 구입자는 모두 납세이기는 하지만 담세자는 아니다. 따라서 환원은 일종의 후전이라고 할 수 있다. 또 과세물건 그 자체가 조세를 부담한다고 할 수 있기 때문에 이 현상을 물상부담(物上負擔)이라고도 한다.

3) 전가의 조건

이상과 같이 조세의 전가는 주로 가격의 인상 또는 인하를 통해 이루어진다. 즉 가격이 조세부담을 이동시키는 운반구라고 할 수 있다. 따라서 조세의 전가문제는 결국 가격결정론의 문제에 귀착

된다.

조세의 전가에 영향을 미치는 일반적 조건은 많지만 그 중 중요한 것은 다음과 같다. ①조세의 성질 즉, 그 부담이 일반적인가, 특수적인가, 조세가 모든 종류의 소득 또는 재화에 균등하게 부과되는가 또는 특수한 소득, 재화에만 부과되는가, ②수요 공급의 탄력성 특히 과세 목적물이 필수품인가, 사치품인가, ③시장의 경쟁상태 즉 완전경쟁상태인가, 독점적 경쟁상태인가, ④과세구역의 대소, ⑤세율 등이다. 그러나 현실에 있어서는 이러한 제조건들이 따로 따로 분리되어 작용하는 것은 아니고 언제나 그 몇 가지가 복합적으로 동시에 작용하여 사태를 복잡하게 하고 있다.

따라서 어떤 조세의 전가방향을 규명한다는 것은 매우 곤란하다. 일반적으로는 비용을 움직이는 조세는 전가가 용이하지만, 잉여에 부과되는 조세는 전가가 어렵다고 할 수 있다.

4) 전가에 대한 학설

조세전가에 관한 이론이 과학적 체계를 갖추게 된 것은 중농학파 및 아담 스미스에 의하면 근대적 분배이론, 즉 근대적 경제이론이 성립된 시기와 함께 한다.

(1) 절대설

절대설은 주로 고전학파의 견해이며 전가의 귀추는 완전한 자유경쟁을 전제로 하는 추상적 경제이론에 의하여 명확하게 파악될 수 있다는 것이다. 중농학파에 의하면 농업만이 순생산물을 생신하고 다른 산업은 비생산적이다.

즉 다른 산업은 새로운 부를 창조하지 않고 다만 현존의 부를 이전시키는데 불과하므로 모든 조세는 어떻게 과세되든 간에 결국 순생산의 원천인 농업에 전가되는 것이라고 한다. 따라서 지세(地稅)에 의하여 직접 과세하는 것이 현명한 방법이며 다른 조세로 간접과세하는 것은 징세비와 노력을 낭비할 뿐이라고 한다. 케네(F. Quesnay), 튤고(A. R. T. Turgot) 등이 대표적인 주창자이다.

아담 스미스는 모든 수입은 지대, 이윤, 임금으로 분할되므로 조세는 이러한 수입의 3부문 중 어느 것에 부과되어야 한다. 그런데 이윤에 대한 조세와 임금에 대한 조세는 전가되지만, 지대에 대한 조세와 광의의 이윤 중 이자에 대한 조세는 전가되지 않는다고 한다. 이 밖에 조세에는 소비세가 있는데 이 중에서 사치품에 대한 조세는 전가되지 않지만 필수품에 대한 조세는 전가된다고 한다. 어느 견해에 따르든 절대설은 근대적 분배이론과 경제이론에 따라 조세의 전가가 명확히 규명되어 진다고 생각했던 것이다.

(2) 균등분산설

균등분산설은 일체의 조세부담은 결국 사회의 모든 사람들에게 균등하게 분산된다고 주장하는 것이다. 그 대표적인 주창자는 카나알(N.F. Carnard)이다. 그에 의하면 사회의 수입에는 토지 또는 공업에 사용되는 고정노동의 결과인 부동산수입, 공업에 있어서의 숙련노동의 결과인 동산수입의 세가지가 있다.

모든 사람은 최대의 수입을 올리려고 하며 그것이 가능한 직업에 노동을 투하하려 한다. 이와 같은 투쟁의 결과 이상의 세가지 수입의 균형이 이루어진다. 이러한 경제법칙이 조세전가의 기초가 된다. 즉, 모든 조세는 수입간의 균형을 교란하기 때문에 전가되어 결국 각자가 균등한 조세를 부담함으로써 수입간의 균형이 또 다시 이루어진다. 그러나 이러한 균형상태에 도달하는데는 상당한 시일을 필요로 한다. 이 기간 동안 모든 사업은 분란 속에 휩쓸리게 된다. 이것이 조세의 마찰(friction of taxation)이다. 따라서 유해한 것은 조세 자체가 아니라 조세에 기인한 균형의 교란이다.

이와 같은 해악을 피하기 위해서는 조세제도의 개혁, 신세의 창설 등을 행하지 않아야 한다. 모든 조세는 시일이 경과해야만 그 사회의 모든 성원들에게 균등하게 분산되어 수입의 균형을 가져옴으로써 좋은 조세가 된다. 그리하여 그는 "모든 구세는 양세이며, 모든 신세는 악세이다"라는 명제를 도출하였다.

카나알의 설은 낙관설이라고 불리지만, 분산설에 기초를 두면서 비판설이라고 불리는 것이 있다. 대표적 주창자는 무정부주의자 프루돈(P. J. Proudhon)이다. 그는 모든 조세는 결국 빈자인 소비자 대중에게 전가되어 그들을 압박한다. 그리하여 조세는 필요한 것이기는 하지만, 필연적으로 불공평하다고 한다.

그는 이것을 경제적 모순이라고 지적하고 있다. 이 이외에도 불가지설 혹은 소득설이 있는데 헬트(A. Held)가 그 대표적인 주창자로 전가의 귀추에 관해 일반적인 결론을 내리는 것은 불가능하다는 것이다.

5) 조세의 소득효과

조세는 국민경제의 순환과정에서 국민의 생산물의 일부가 정부의 사용을 위해 징수되는 것이기 때문에 국민의 생활과 국민경제에 결정적인 영향을 미치기 마련이다. 물론 현실경제에 있어서는 조세만의 영향이 다른 영향과 분리되어 나타나는 것이 아니고 정부의 재정지출, 공채의 모집 및 상환 등과 얽혀서 나타나는 것이다. 그러나 여타의 영향과 분리하여 조세만의 영향을 고찰하여 본다.

(1) 소비에 미치는 영향

모든 조세는 결국 민간의 구매력을 흡수한다. 조세가 흡수하는 구매력이 소비에 사용되었을 자금인가, 그렇지 않으면 저축에 충당되었을 자금인가 하는 것은 조세의 종류에 의해서 좌우되지만, 조세를 부담할 소득계층 또는 최초의 납세자의 경제적 성격에 의해서도 크게 좌우된다.

예컨대 같은 물품세라도 고가의 사치품에 대한 과세는 대체로 저축을 감소시킬 것이지만, 생활필수품에 대한 과세는 주로 소비지출을 감소시킬 것이다. 원래 소비는 소득의 함수이다. 소득이 증가함에 따라 소비도 증가한다. 소득의 증가분에 대한 소비 증가분의 비율을 한계소비성향이라 한다. 이 한계소비성향은 저소득층일수록 높고 고소득층일수록 낮다. 따라서 저소득층이 부담하는 조세는 일국의 소비지출을 감소시키는 경향이 있다. 예컨대 연초, 주류 등에 대한 조세, 생활필수품에 대한 소비세와 작은 규모의 택지, 농지 등에 대한 조세, 저소득층이 부담하는 소득세 등은 이러한 작용을 한다. 한편 한계소비성향이 비교적 낮은 고소득층의 부담이 되는 조세가 소비에 미치는 영향은 비교적 작다고 볼 수 있다.

이상과 같이 조세는 소비지출에 사용될 소득을 흡수하여 소비에 영향을 미칠 뿐 아니라 다른 경로를 통하여 소비에 영향을 미치기도 한다. 즉 특별한 물품세는 상품가격을 인상시켜 판매를 감소시킬 뿐만 아니라 당해 상품을 위해 지출될 구매력을 억제시켜 다른 상품의 소비에 충당되게도 할 수 있으며 소비성향을 감소시켜 소비와 저축의 소득배분을 크게 변경시키기도 한다.

(2) 저축 및 투자에 미치는 영향

조세는 소비를 감소시키기도 하지만 축적된 저축 또는 조세가 부과되지 않았다면 저축되었을 소득을 흡수한다. 그래서 투자에 이용될 수 있는 저축량을 감소시킨다.

과세 전에 저축과 투자가 균형을 유지하고 있었고 또 투자계획이 이전과 변함이 없다고 가정한다면 과세 후에는 이용가능한 저축이 부족하게 될 것이다. 따라서 이제 계획된 투자의 일부는 은행의 신용창조 등에 의하여 수행되지 않으면 안 될 것이고 이것은 이자율을 인상시켜 한계투자의 일부는 저해될 것이다. 그 결과 일어나는 투자지출의 감퇴는 국민소득에 대하여 수축적 효과를 미친다.

축적된 저축 또는 저축되었을 소득을 흡수하는 조세로서는 먼저 고소득층에 대한 고율의 개인소득세를 들 수 있다. 법인세로 직접 법인저축을 감소시키는 동시에 법인세로 인한 배당의 감소는 이 배당을 받은 사람들의 저축을 감소시킴으로써 국민저축의 총액을 감소시킨다. 상속세도 저축을 흡수하며, 주로 부유층이 구입하는 사치품에 대한 물품세도 저축을 흡수하여 투자를 감소시키는 역할을 한다.

이상과 같이 조세는 투자의 원천인 저축을 감소시킴으로써 투자를 억제하는 작용을 하지만 투자유인을 저하시켜 투자에 영향을 미치기도 한다. 즉, 조세는 투자의 예상수익을 저하시킴으로써 투자를 저해한다. 기업의 소득에 대한 고율의 과세, 예컨대 법인세, 사업소득세는 기업의 과세 후 순소득을 감소시킴으로써 한계투자를 저하하기도 한다. 또 과세는 전 투자에 영향을 미치기도 하지만 조세제도의 구성에 따라서는 어떤 투자가 장려되는 반면 다른 투자를 억제하기도 한다.

결론적으로 조세는 그 자체만으로는 소비와 저축에 영향을 미쳐 국민소득 순환과정에 있어서의 유출로서 국민소득에 수축적 효과를 미친다.

(3) 조세의 공표효과

조세는 이상과 같이 소비, 저축, 투자에 영향을 미침으로써 직접적인 소득효과를 가질 뿐 아니라 또한 공표효과(announcement effect)를 가진다. 공표효과란 과세의 공표가 납세자의 행동에 미치는 영향을 말한다.

피구(A. C. Pigou)에 의하면 과세가 공표되면 사람들은 보통 과세의 압박을 피하기 위해 그 행동을 바꾼다. 예컨대 맥주에 과세하면 사람들은 맥주소비를 감소한다. 소비지출에 대한 과세의 경우를 보면 그 소비물건에 대한 수요 및 공급이 탄력적일수록 과세는 소비 및 이에 따른 생산에도 크게 영향을 미친다.

예컨대 쌀과 같은 생활필수품은 수요의 탄력성이 작으므로 과세로 인한 생산축소도 적지만, 일용품에 대한 과세는 소비, 생산을 크게 축소시킨다. 따라서 조세의 공표효과 역시 수요, 공급이 더욱 신축적일수록 크게 나타난다고 볼 수 있다.

소득에 대한 과세를 본다면 대체로 조세는 다소간 근로의욕에 영향을 미친다. '너무 수입이 적기 때문에 이 이상 일하지 말자'고 생각하는 여유 있는 사람이 현실에서는 적다고 볼 수 있고 노동공급이 임금에 대해 비탄력적이라는 사실은 널리 인정되고 있으나, 한편 시간 외 근무작업 노동 등에 있어서는 소득의 증가에 따라 조세가 누진적으로 증세되는 경우 근로의욕을 저해하는 경향이 강하게 나타난다고 볼 수 있다.

소비에 대한 과세에 있어서도 마찬가지로 소득에 대한 과세도 그 정도의 차이는 있지만, 조세의 공표효과가 나타나는 것을 알 수 있다.

(4) 조세에 의한 경기조절

조세는 이상과 같이 소비, 저축, 투자에 영향을 미침으로써 국민소득의 수준과 고용수준에 중대한 작용을 한다. 따라서 조세의 이러한 작용을 계획적으로 경기조절에 이용하는 것이 요망된다. 그러나 경기조절을 위한 수단으로써 조세를 이용하는 것보다 경비를 이용하는 즉, 적자지출재정정책이 더욱 선호되어 왔다. 조세를 이용하는 정책이 주목을 받기 시작한 것은 주로 제 2차 대전 후의 경향으로 조세의 국민소득에 대한 비중이 과거보다 크게 증대하였고 또 조세구조가 소득세, 법인세 등 직접세 중심주의와 누진세의 강화의 방향으로 변화한데 기인한다.

먼저 국민경제의 생산활동이 위축하여 유휴설비와 실업이 많은 불황기에는 정부지출을 증가하는 한편 조세를 경감해야 한다. 불황기에는 조세수입이 자연 감소하기 마련인데 여기에 감세까지 하면 적자재정이 불가피하게 된다. 감세에 의하여 일반 국민의 가처분소득은 증가하게 된다. 감세가 주로 소비성향이 높은 저소득층의 부담경감으로 나타나면 감세로 인한 가처분소득의 증가분은 주로 소비에 사용될 것이며, 감세효과도 보다 커질 것이다.

이와 같은 감세를 통한 민간의 가처분소득 증대정책은 재정지출을 증가시키는 정책에 비해 약간의 장점이 있다. 정부지출을 돌연 증가시키는 경우 사회적 가치가 큰 사업을 계획하고 실시할만한 시간적 여유가 없어서 정부지출이 사회적으로 보다 그다지 가치가 별로 없는 갑자기 계획된 사업에 사용되기 쉽다.

그 결과 사회의 자원이 비효율적으로 배분되기 쉽다. 그러나 감세의 경우에는 이러한 폐단을 피할 수 있으며 민간기업과 경합될 사업에 투자함으로써 민간투자를 저해하는 경우도 발생하지 않고 기업가들에 대한 감세의 심리적 반응은 적자지출의 그것보다 좋다.

이와는 반대로 민간의 생산활동이 지원설비에 비해 지나치게 왕성하여 인프레적 경향이 나타나는 경우에도 과세는 역시 인프레이션을 억제하는 유력한 수단이 될 수 있다.

이런 경우에 물론 정부지출의 삭감이 요청되지만 한편 조세를 증징(增徵)하여 소비 및 투자를 억제하여야 한다. 인프레이션 억제효과는 조세에 따라 다소 다르다. 일반적으로 소비세는 다른 과세에 비해 소비억제효과가 강력하다. 왜냐하면 소비세는 일반적으로 역진적 성격을 띠고 있기 때문에 다른 조세보다도 소비성향이 높은 저소득층의 소비지출을 흡수하기 때문이다. 또 개인소득세의 인상도 그것이 저소득층에 집중하는 한 소비지출을 억제하는데 매우 효과적이다.

그러나 대중소비를 억제하기 위한 인상의 소비세의 인상이나 저소득층의 소득세의 인상은 조세부담의 공평에 배치됨은 물론이고 강력한 반대가 예상된다. 여기에 재정정책과 공평의 원칙과의 모순을 보게 되는데 역시 이 모순은 적당한 조화, 타협에 의해서 해결할 수밖에 없다.

(5) 조세와 소득재분배 효과

이상과 같이 조세는 일국의 생산 또는 소득수준에 영향을 미치지만 재정지출과 더불어 소득분배를 수정하는 중요한 작용을 한다. 요소소득은 임금, 지대, 이자 및 이윤으로 나누어지는데 인적요소의 대가인 근로소득과 재산소득으로 구분할 때 총액에 있어서는 재산소득이 근로소득보다 크다.

이는 자본주의 경제에 있어서 재산소유의 불균등 때문이며, 이러한 재산소유의 불균등이 다시 소득의 불균등을 가져오고 소득의 불균등이 재산소유의 불균등을 더욱 심화시키는 과정을 반복하게 된다.

그런데 이와 같은 소득분배의 불균등은 오늘날 재정기구를 통해 상당한 수정을 받는다. 현대의 조세 중 소득분배 효과가 가장 큰 것은 소득세와 상속세이다. 소득세에 있어서는 고도의 누진세율, 소득의 원천(예컨대 재산소득과 근로소득)에 따른 차별과세, 면세점 및 각종의 공제가 적용됨으로써 소득재분배에 결정적 작용을 한다.

또 상속세는 고도의 누진세율이 적용될 뿐 아니라 그 과세대상을 소득불평등의 원천이 되는 재산에 둔다는 점에서 소득재분배에 중대한 영향을 미친다. 물론 소비세의 대부분 특히 대중과세로 저소득층에 부담이 되는 일반 소비세의 경우는 그 부담이 역진적이되어 소득분배의 불평등을 오히려 격화시키는 경우도 있다. 따라서 일국의 조세체계가 어떤 구조로 되어 있느냐에 따라서 소득재분배 효과에는 차이가 있을 수 있다. 대체로 영국, 미국과 같은 선진국에서는 조세제도는 전체적으로 조세를 통하여 소득의 불평등이 상당히 수정되고 있지만, 간접세에 중점을 두는 조세구조를 가지고 있는 후진국에서는 조세에 의한 소득재분배는 선진국에 비해 떨어진다고 할 수 있을 것이다. 여하튼 조세는 사회적 경비에 충당되는 재정지출과 함께 소득분배의 불평등을 시정하는 중요한 역할을 한다.

제8장 경제발전론

1. 경제발전이란?

일찍이 스미스(A. Smith)는 「국부론」(1776년)에서 노동의 분업을 중심으로 자본주의 경제는 발전한다는 낙관론을 펼쳤지만, 이를 계승한 리카도(D. Ricardo)의 경제학은 그 당시 고전파 정치경제학의 학문적 기본형을 형성하여 고전파의 장대한 동학(magnificient dynamics)의 기초를 제공하였다. 고전파의 경제이론에서는 경제적 요인 이외에도 맬더스(T. R. Malthus)의 「인구론」(1798년)과 같은 비경제적 요인이 이론에 도입되었으며, 경제발전이란 궁극적으로 정지되며, 1인당 노동자의 생존임금수준만 유지되는 정상상태(stationary state)가 이루질 것으로 보았다. 이러한 상태가 결코 바람직한 것이 못되므로 리카도는 자본주의의 경제발전에 대해 비관적인 견해를 가지고 있었다.

리카도의 영향을 받은 마르크스(K. Marx)는 자본주의 경제란 그 내재적 모순 때문에 붕괴된다고 보았지만, 그 후 선진자본주의경제의 발전경험을 보면 고전파의 발전이론에서 예측했던 것과는 달리 눈부신 발전을 거듭해 왔다. 그리고 오늘날 그 주요 원인을 기술진보에서 찾고 있다. 즉, 리카도流의 모델에서는 기술진보의 효과분석이 누락되어 있었다. 마르크스는 기술진보가 "노동자를 일자리에서 몰아낸다"고 보았지만 이러한 예언은 빗나가 버렸다. 이것은 기술진보가 성장에 미치는 효과를 고려하지 않았기 때문이었다.

한편 솔로우(R. M. Solow)는 장기적인 미국의 성장과정을 돌이켜 볼 때 기술진보의 역할이 매우 중요하다는 실증연구의 결과를 제시하였다. 솔로우의 업적은 종래의 자본주의에 대한 시각을 새롭게 하였다. 즉, 자본주의 경제의 성과가 과실의 능력에 따라 분배되어야 한다는 자본주의가 서로 대립되어 왔지만, 그 과실이 기술진보에서 온다고 밝혀진 이상 솔로우의 업적은 탈이데올로기시대의 도래를 의미하기 때문이다.

일찍이 슘페터(J. A. Schumpeter)는 「경제발전의 이론」(1912년)에서 자본주의 경제를 움직이는 원동력은 기술진보라고 하였다. 슘페터는 정태적 균형상태에서 이탈하는 것을 자본주의경제의 발전이라고 보고 경제발전의 이론을 체계화하였다. 갈브레이스(J. K. Galbraith)는 슘페터가 가졌던 비전을 이어받아 현대자본주의에서 거대화된 대기업체제론을 펼치고 있다.

이 외에도 자본주의 경제는 발전과정에서 그 단계가 있다고 보는 이른바 발전단계설이 있다. 이는 역사가 발전하는데 단계를 거친다고 보는 역사의 결정론적 접근방법인데, 자본주의 경제발전에도 이러한 단계를 거친다는 몇 가지의 설이 있다.

2. 고전파의 장대한 발전이론

1) 스미스의 경제발전론

스미스에 의하면 경제발전이란 인구증가, 시장의 확대, 분업의 증진, 그리고 자본축적에 달려 있다고 보았다. 자유방임주의(laissez-faire) 하에서 이들 요인이 서로 작용하게 되어 경제는 발전을 거듭해간다는 낙관적인 견해를 가지고 있었다. 물론 경제발전이 궁극적으로 정지하고, 그 사회가 '정상상태'에 들어갈 것이라고 스미스도 생각하였다. 그 이유는 다음과 같다.

인구가 증가하면 임금이 떨어지며, 한편 자본가들이 서로 경쟁하면서 투자를 하게 될 것이므로 이윤도 최저수준에 떨어지게 되어 그 결과 그 사회에서 희소한 토지의 소유자(지주)만이 안락한 생활을 즐기게 될 것이라고 보았다. 그러므로 자본주의 경제가 농업단계를 벗어나지 못하였던 초기단계에서 노동자·자본가·지주계층 중에서 자본주의 경제를 이끌어 나가는 주역은 지주였다. 그러나 스미스는 정상상태란 이론상으로는 존재하지만, 현실경제에서는 지속적인 경제발전이 이루어지게 될 것이라고 보았다.

스미스에 따르면 사회가 진보하면 생산이 확대하며, 따라서 노동에 대한 수요가 증가하여 임금은 상승하고, 그 결과 노동자들의 결혼인구가 증가하여 이것이 경제발전을 촉진시키게 될 것이라고 보았다. 이러한 까닭에 스미스는 다음과 같은 명제를 제시하였다. "노동의 분업은 시장의 크기에 의존한다."는 것이다. 노동의 분업이란 경제활동에 있어서 기타 조건이 동일하더라도 사람들이 일하는 방법을 효율적으로 분담하면 노동의 생산성이 높아지므로 생산량(국부)이 증가한다는 것이었다. 그러나 노동의 분업을 가능케 할 수 있는 궁극적인 또 하나의 조건은 시장의 크기라고 하였다. 노동의 분업은 공급측면이 중심이 되어 있는 이론이지만, 이를 뒷받침하는 것은 시장의 크기, 즉 경제의 수요측면이라고 보았다.

스미스에 따르면 경제발전이 이루어지면 생산성이 높아져 생산량이 증가한다고 보았다. 즉 경제발전은 시장을 확대시키고, 시장의 확대는 분업을 증진시켜 그 결과 더 한층의 경제발전이 이루어져 경제는 발전을 거듭하게 될 것이라고 하였다.

2) 맬더스의 발전론

스미스, 리카도와 마찬가지로 맬더스(T. R. Malthus)는 '황금시대'의 인간생활을 즐거운 것으로 표현한다. 많은 자녀가 출생하여 인구는 매 25년마다 두 배로 증가한다. 토지가 풍부하게 존재하기 때문에 사람들은 동서로 나아가서 보다 많은 토지를 경작한다. 인구가 두 배로 증가하면 국민생산물도 정확하게 두 배로 증가한다. 실질임금은 총국민소득과 같게 된다. 지대나 자본이자를 공제할 필요가 없기 때문이다.

노동력의 증가와 정비례해서 토지도 확장될 수 있다면 수확체감의 법칙은 나타나지 않는다. 그러나 모든 토지에 인구가 차게 되면 횡금시대는 종말을 고하게 된다. 처녀지가 사라지게 되면 새로운 노동인구는 기존의 경작지에 몰리기 시작한다. 비로소 토지사유가 나타난다. 이제는 토지가 희소해 지고 지대가 부과된다.

황금시대가 끝이 나도 경제성장은 일어난다. 인구도 증가하고 국민생산물도 증가한다. 그러나 이제는 생산물이 노동인구와 정비례해서 증가하지 않는다. 면적이 고정된 토지에 새로운 노동인구가 추가되면 노동 1인당 사용면적이 점점 줄어들게 되므로 수확체감의 법칙이 작용하게 된다.

최저생존수준에서 경제발전은 끝이 난다. 임금이 생존수준 이상으로 되면 인구가 증가하여 노동의 평균생산력이 감소하고 따라서 임금이 감소할 것이고, 그 이하가 되면 인구가 사멸하여 임금이 상승할 것이다. 오로지 생존수준에서 균형이 이루어진다.

그런데 맬더스는 기술혁신이 수확체감의 법칙을 상쇄시킬 수 있다는 사실을 몰랐거나 적어도 과소평가하였기 때문에 이상과 같은 비관적인 견해를 가지게 되었다고 생각된다.

3) 리카도의 발전론

리카도(D. Ricardo)도 맬더스와 마찬가지로 최저생존실질임금수준에서 노동시장이 장기균형을 이루는 것으로 보고 있다. 리카도는 경제집단을 자본가·노동자 및 지주로 나눈다. 자본가는 두 가지 역할을 수행한다. 첫째, 자본의 유리한 사용기회를 탐색함으로써 각종 산업분야에 걸쳐 자본의 이윤률을 균등하게 하는 역할을 한다. 둘째, 투자에서 나온 이윤을 재투자함으로써 자본축적을 촉진하고 경제발전을 추진한다.

인구가 증가하면 지대는 상승하지만, 토지가 고정되어 있기 때문에 노동의 한계생산력은 감소한다. 노동의 한계생산력이 감소하였는데도 생존실질임금을 지불하여야 하기 때문에 자본가의 이윤률은 점차 감소한다. 이윤률의 감소로 인해 투자의욕도 감소한다. 이윤이 최소한도 이하로 떨어지면 자본축적이 일어나지 못하고 경제는 정체상태에 빠진다는 것이 리카도의 견해이다.

리카도 이론도 기술혁신이 생산성을 증가시키고 수확체감의 법칙을 상쇄시킬 수 있다는 사실을 간과하고 있는데, 이것이 리카도 이론의 비판점이다. 이와 같이 맬더스·리카도 이론은 장기적 경제발전을 매우 비관적으로 보고 있다.

4) 마르크스의 발전론

마르크스(K. Marx)도 이와 비슷한 견해를 가지고 있었다. 마르크스의 견해를 요약하면 ①자본가가 시장에서 구입하여 생산과정에 투입하는 노동력은 구입 당시의 가치보다 더 많은 가치를 생산하는 특수성을 가지는데, ②자본가들은 이러한 잉여가치를 많이 획득하기 위하여 이윤이 생길 수 있는 곳을 찾아다니면서 상호 경쟁을 하게 되며, ③자본가들은 경쟁에서 이기기 위하여 자본의 유기적 구성도(불변자본/가변생산요소)를 높이며, ④자본의 유기적 구성도를 경쟁적으로 높이게 되면 이윤률은 최소수준으로 하락하고, 따라서 경제는 정체상태에 빠진다는 것이다.

이러한 마르크스의 견해도 기술진보가 전체 경제의 생산성을 증가시키고 수확체감의 법칙을 상쇄시킬 수 있다는 사실을 무시하였기 때문에 모순점을 내포하고 있다. 기술진보로 생산성이 증가하면 이윤률은 높아진다. 이윤률이 높아지면 자본축적도 늘어나게 된다. 자본축적으로 경제성장과 경제발전은 촉진될 수 있다. 기술진보와 연결된 투자가 총수요를 증가시키고 경제발전을 추진시킨다는 역사적인 사실을 마르크스는 무시하였다. 그래서 마르크스의 이론은 기술진보를 무시함으로써 경제발전이론을 잘못 전개하였다는 비판을 받고 있다.

5) 마샬의 발전론

마샬(A. Marshall)은 정체론을 전개하는 맬더스나 리카도와는 달리 경제발전은 점진적이고 연속적이라는 견해를 제시하였다. 마샬의 견해를 요약하면 ①경제발전은 점진적이고 연속적이며, ②생산에 있어서 자연의 역할은 수확체감을 보이지만, 기술진보와 노동의 질적 향상으로 말미암아 수확체증을 가져오며, ③기술발달로 생산성이 증가하고 이윤률이 증가하면 경제는 계속 발전한다는 것이다.

이처럼 마샬의 경제이론은 맬더스·리카도 및 마르크스와 견해를 달리하고 있다. 맬더스·리카도 및 마르크스는 기술진보를 장기적으로도 일정불변한 것이라고 단순히 가정함으로써 그들의 이론을 전개해 나갔지만, 현대미시경제학의 기초를 제공한 마샬은 기술진보를 그의 발전이론에 도입하였다. 기술진보가 단기적으로는 일정할지 몰라도 장기적으로는 변화하기 때문에 마샬의 발전이론이 마르크스나 리카도의 이론보다 더 합리적이고 논리적이라고 할 수 있다. 이러한 마샬의 발전론은 다윈(C. Darwin)의 진화론에 의하여 영향을 받은 것으로 알려지고 있다.

6) 슘페터의 발전론

슘페터(J. A. Schumpeter)에 따르면 기업가에 의한 혁신(innovation)이야말로 곧 경제발전의 원동력이라고 하였다. 기업가는 이윤획득을 위해 혁신을 도입하고 혁신이야말로 유일한 경제발전의 요인이라고 주장한 사람이 슘페터이다. 슘페터는 경제분석에 있어서 사회적·역사적·정치적·심리적 차원을 중요시하였다. 슘페터에 의하면 혁신이란 ①신기술의 개발, ②신시장의 개척, ③신생산방법의 도입, ④새롭고 창의적인 경영조직의 형성과 경영합리화, ⑤신자원의 발견, ⑥새로운 상품의 제조 등을 말한다.

7) 한센의 장기정체론

한센(A. Hansen)은 장기정체론을 전개하였다. 한센의 장기정체론을 간추려 보면, ①초기에는 신자원의 개발, 신영토의 개발, 인구증가, 기술진보 등으로 신투자를 유발함으로써 경제발전을 가져오지만, ②개발이 충분히 되고나면 신영토는 확대되지 못하며, 기술진보는 완만해지기 때문에 투자기회가 고갈되고, 따라서 저축이 투자보다 많아져 유효수요의 부족으로 불황이 장기화되고 실업이 만성화되는 장기정체상태가 발생한다는 것이다.

그러나 한센이 장기정체이론을 주장한 지 이미 수십년이 지났지만 선진자본주의 국가들은 장기정체에 빠지지 않고, 오히려 빠른 속도로 발전하고 있다. 초기케인즈학파의 한 사람인 한센은 장기정체를 벗어나기 위해 재량적인 재정정책을 사용하여야 하고 정부의 재량적인 개입을 강조하였다.

8) 루이스의 이중구조적 발전론

루이스(A. Lewis)는 농촌지역에 누적되어 있는 과잉상태의 인적자원을 어떻게 효율적으로 이용할 수 있는가의 문제를 제기하고 있다. 루이스의 이중구조적 빌전모형은 특히 인구가 과잉한 농업국들의 개발정책에 토대를 두었다.

이중경제모형은 저개발국이 전통적 부문(생존부문)과 근대적 부문 등 서로 다른 특성을 지닌 두 부문으로 구성되어 있다는 데서 출발한다. 전통적 속성을 가지는 생존적 농업부문은 노동의 과잉 속에서 생산성이 매우 낮다. 근대적 공업부문은 시장원리에 따라 움직이며 상대적으로 생산성이 높다. 이러한 이중구조를 가진 경제에서는 농업부문의 잠재실업이 공업화와 자본축적의 원천이 된다.

이 모델의 핵심은 농업부문으로부터 공업부문으로의 지속적인 노동력 재분배를 통하여 국민경제의 중심을 공업부문으로 이동시키는 것이다. 즉 전통적인 농업부문의 비중이 큰 초기단계에서는 무한노동공급이 존재하며 실질임금이 낮은 수준에서 일정하게 유지된다. 따라서 공업부문에서는 저임금으로 대량고용이 가능하다.

농업부문에서는 한계생산력이 거의 0에 가까운 잠재실업이 도시 공업부문으로 이전하더라도 농업생산물의 감소는 없다. 오히려 농업부문의 인구가 감소하므로 1인당 소득이 증가한다. 이 소득증가가 저축으로 연결된다면 공업부문의 투자재원이 될 수도 있다.

이런 과정을 고려하면 개발정책의 성공 여부는 공업부문에서 노동력을 지속적으로 흡수할 수 있는가에 달렸다. 가능한 노동흡수력이 큰 노동집약적인 기술의 도입이 필요하다. 경제성장과 함께 공업부문의 노동흡수가 지속되어 일정 단계에 이르면 농업부문의 잠재실업도 점차 고갈된다. 이 단계에 이르면 실질임금의 인상 없이는 더 이상의 노동력 재분배는 불가능해진다. 즉 노동력이 희소한 요소가 되고 농업부문에서도 시장원리가 작용된다. 이처럼 무한노동공급 조건이 끝나는 시점을 전환점(turning point)이라고 한다. 즉 전환점을 기점으로 하여 실질임금의 상승정도가 달라질 가능성이 크다.

즉 루이스의 이중구조적 발전모형에서는 ①잉여노동의 이동→②자본가의 이윤발생→③이윤의 재투자→④고용증가→⑤자본가의 이윤발생→⑥이윤의 재투자 과정을 거쳐 경제발전이 이루어진다.

루이스의 이중구조적 발전모형의 비판점은 ①농촌부문에 있는 잉여노동자의 한계생산물은 0이라는 실증이 없으며, ②농촌부문의 잉여노동자가 기술적인 훈련을 받지 않은 채 바로 도시산업부문에 취업할 수 없을 것이며, ③농촌부문의 실업은 계절적 실업인 경우가 오히려 일반적이라는 것이다.

3. 경제발전의 단계설

인류의 경제생활이 어떤 단계를 거쳐서 오늘날과 같은 경제가 형성되었으며, 앞으로 어떤 단계를 거쳐 경제가 발전해 나갈 것인가를 설명하는 학설을 경제발전의 단계설이라 한다. 경제발전의 단계설에는 ①역사학파의 단계설, ②마르크스의 단계설, ③로스토우의 5단계설, ④호프만의 공업구조 이행설, ⑤클라크의 산업구조 이행설 등이 있다.

1) 역사학파의 단계설

독일 역사학파의 선구자인 리스트(F. List)는 경제발전단계를 ①수렵단계, ②목축단계, ③농업단계, ④농공업단계, ⑤농공상업단계의 5단계로 구분하였다. 또한 4단계의 유치산업(infant industry)을 보호하기 위하여 보호관세제도를 도입함으로써 보호무역주의를 전개해야 한다고 주장하였다. 리스트의 이러한 경제철학과 사상은 보호무역의 이론적인 근거를 제공하였다.

2) 마르크스의 단계설

마르크스(K. Marx)는 경제발전단계를 ①원시공산사회, ②고대노예사회, ③중세봉건사회, ④자본주의사회, ⑤사회주의사회로 구분한다.

마르크스가 자본주의사회에서 사회주의사회로 변한다고 말한지도 이미 장구한 세월이 흘렀지만, 자본주의가 오히려 더 번영하고 사회주의의 발전은 늦어 러시아와 중국 등에서 자본주의의 시장원리를 상당 부분 도입하고 있는 실정이다.

마르크스의 발전이론에서도 언급한 바와 같이 마르크스는 기술진보와 교육을 통한 노동자의 질적 향상을 그의 이론에서 감안하지 않았기 때문에 마르크스의 경제발전이론은 심한 모순점을 내포하고 있다는 것이 통설이다. 즉 마르크스가 말한 것과는 반대로 교육에 의한 노동자의 질적 향상 및 기술혁신을 통하여 자본주의는 더욱 빠르고 눈부신 경제발전을 계속할 수 있다.

3) 로스토우의 5단계설

미국의 경제학자 로스토우(W. W. Rostow) 는 그의 저서 「경제성장의 제단계」*(The Stages of Economic Growth)*에서 모든 경제의 발전단계를 ①전통사회, ②도약준비기(또는 이륙을 위한 선행 조건기), ③도약기(또는 이륙기), ④성숙기(또는 성숙으로의 전진기), ⑤고도대중소비시대로 나눈다.

전통사회에서는 대부분의 자원이 농업부문에 집중되고, 이 단계에서 사회조직은 대가족제도에 의해 지배된다. 도약준비기인 2단계에서는 농업 및 공업에 있어 근대과학이 다소 응용됨으로써 생산성이 다소 향상되기 시작한다. 또한 전통사회에서 볼 수 있었던 봉쇄경제는 문호를 개방하여 교역량이 늘고 점차 국제경쟁력의 문제가 제기된다.

제3단계인 도약기(take-off)에서는 다음과 같은 특징이 나타난다. ①공업부문에서 이윤률이 상승하고 자본축적이 확대된다. ②이윤률이 증가함에 따라 소득분배의 문제가 발생하고 계급대립은 지주와 농민의 관계에서 기업가와 근로자의 관계로 변한다. ③사회개발자본이 급속도로 확대되고 기술혁신이 일어나며, 투자율과 저축률은 높아진다. 또한 이 단계에서는 농업도 상업화되고 농업기술의 혁신이 일어난다. 한국은 1960년대 후반기부터 이 단계에 접어들었다.

제4단계인 성숙기에는 기술적으로 복잡한 제품의 생산에 중점을 두며, 무엇이든지 생산하고자 하면 생산할 수 있는 생산기술능력 및 기업능력을 가진다. 또 이 단계에서는 국민소득의 약 10-20% 정도가 끊임없이 투자되어 생산량 증가율은 인구증가율을 앞선다. 일반적으로 우리나라는 1980년대에 이 단계에 돌입한 것으로 평가된다.

제5단계인 고도대중소비기에는 선도적 산업이 내구소비재 및 서비스부문으로 이행하고, 자동차의 대량생산으로 자가용 자동차가 대량으로 보급되며, 사회보장과 복지제도의 발전이 사회의 중심적인 과제가 된다. 일반적으로 우리나라는 1990년 후반기에 점차 이 단계에 진입한 것으로 보고 있다.

이상에서 본 로스토우의 단계설은 마르크스의 단계설과 정면으로 대립하고 있다. 그래서 로스토우는 그의 저서 「경제성장의 제단계」를 "반공산주의 선언"(A Non-Communist Manifesto)이라고 부르기도 하였다.

그럼에도 불구하고 로스토우의 단계설은 다음과 같은 비판을 받고 있다. 즉 ①로스토우의 단계설은 계수적인 뒷받침이 없다. 계수적·실증적인 뒷받침이 없는 한 경제학자들은 이의를 제기할 수밖에 없다. ②각국의 경제는 그 나라의 자원과 성장잠재력에 따라 달라질 수 있는 데도 모든 경제를 획일적으로 보았다. 예컨대 도약기부터 성숙기까지는 약 60년의 기간이 걸린다고 로스토우가 말했으나 우리나라와 같은 경우는 그 기간을 약 35년으로 단축할 수 있었다.

4) 호프만의 공업구조이행설

호프만(W. Hoffman)은 한 나라의 제조업을 소비재산업과 투자재산업으로 구분하고 경제가 발전함에 따라 투자재산업의 소득에 대한 소비재산업의 소득의 비율은 점차 하락하는 경향이 있다고 주장하였다. 이를 호프만의 법칙이라고 한다. 그리고 소비재산업의 소득을 투자재산업의 소득으로 나눈 비율을 호프만 비율(Hoffman's ratio)이라고 한다.

$$\text{호프만 비율} = \frac{\text{소비재산업의 소득}}{\text{투자재산업의 소득}} \tag{8-1}$$

세계 각국의 공업화 과정을 면밀히 분석한 호프만은 공업화가 진행됨에 따라 모든 나라들은 다음과 같은 단계를 거쳐 공업구조가 이행된다고 주장하였다. 제1단계에서는 소비재생산이 순생산액면으로 볼 때 공업생산의 대부분을 차지한다. 호프만 비율은 제1단계에서 약 5정도가 된다. 제2단계에서는 경제가 발전함에 따라 투자재생산이 점점 높아진다. 그 결과 제2단계에서 소비재생산은 전체 공업생산의 약 1/3 정도를 차지하게 된다. 그러므로 제2단계에서는 호프만비율이 약 2-2.5 정도가 된다.

제3단계에서는 경제가 발전함에 따라 투자재생산과 소비재생산이 각각 전체 공업생산의 약 1/2씩을 차지하게 된다. 다시 말해서 제3단계에서는 호프만 비율이 약 1정도가 된다. 제4단계에서는 경제가 더욱 발전하여 투자재생산이 소비재생산보다 오히려 많아진다. 그래서 호프만비율은 1 이하로 떨어진다.

5) 클라크의 산업구조이행설

클라크(C. Clark)는 산업을 제1차산업, 제2차산업 및 제3차산업으로 나누고, 각 산업의 비중변화에 따라 경제발전의 단계를 설명하고 있다. 제1차산업은 농경사회에서 볼 수 있는 것처럼 농업·임업·목축업·수산업 등과 같이 식량이나 원료를 생산하는 산업을 말한다. 제2차산업은 제조업·광업·건축토목업·수도업·전기업 등과 같이 원료를 가공하는 산업을 말한다. 제3차산업은 통신업·금융업·운수업·상업·가사사용인·노무·기타 서비스업 등과 같이 인간에게 유익한 용역을 제공하는 산업을 말한다.

클라크는 경제가 발전함에 따라 소득·노동·자본의 비중은 제1차산업에서 제2차산업으로, 제2차산업에서 제3차산업으로 이행해가는 역사적 경향이 있다고 말하고, 이러한 역사적 이행과정을 윌리암 페티의 법칙(William Petty)의 법칙이라고 말하였다. 클라크가 이러한 경향을 윌리암 페티의 법칙이라고 한 이유는 17세기의 경제학자 윌리암 페티가 농업보다는 제조업에 이익이 더 많고, 제조업보다는 상업에 이익이 더 많다고 말하였기 때문이다.

6) 1인당 소득 수준과 발전단계

경제가 성장하고 발전함에 따라 1인당 국민소득 수준은 높아지기 때문에 1인당 국민소득을 기준으로 하여 발전 단계를 분류하기도 한다. 이 분류법에는 문제점이 있다. 예컨대 쿠웨이트, 아랍에밀레이트와 같이 1인당 소득수준은 대단히 높지만, 그것은 경제발전에 의한 것이 아니고 단순히 석유자원에 의한 혜택이기 때문이다. 경제발전은 양적인 1인당 국민소득 뿐만 아니라 여러 가지 경제적·사회적 지표를 사용하여 측정해야 한다.

개발도상국과 선진국에 대해서 학자에 따라 여러 가지 정의가 나오고 있지만, 개발도상국은 일반적으로 1인당 국민소득이 낮고 선진국은 1인당 국민소득이 높다. 학자에 따라 다소 차이가 있기 때문에 세계은행(World Bank)의 분류방법을 따른다면, 1인당 국민소득 수준이 ①400달러 미만이면 후진국, ②400- 2000달러 수준이면 저소득 중진국, ③2000- 5000 달러 수준이면 고소득중진국, ④5000 달러 이상이면 선진국으로 분류된다.

그러나 쿠웨이트, 리비아, 사우디아라비아, 아랍에밀레이트 등의 1인당 국민소득이 5000달러를 넘는다고 해서 이들 국가들을 선진국에 포함시키지 않는다. 그 이유는 앞에서도 언급한 바와 같이 이들 국가가 1인당 국민소득은 높지만, 아직 고도의 산업화와 문화, 교육, 기술의 선진화를 달성하지 못하였기 때문이다.

7) 거센크론의 공업화 약진

(1) 공업화와 선행요건

이미 살펴 본 바와 같이 로스토우는 경제가 어떤 선행요건(precondition)들을 충족시킨 다음에 도약단계에 들어간다고 주장한다. 과연 경제발전에 있어 미리 충족시켜야 할 선행요건이라는 것이 있으며, 만일 있다면 이들을 사전적으로 충족시키지 않고는 경제발전이 불가능한 것인가.

이 문제는 개발도상국에게는 매우 중요한 의미를 가지므로 여기서 좀더 구체적으로 규명할 필요가 있다. 거센크론(A. Gerschenkron), 허쉬만(A. O. Hirschman), 바란(P. A. Baran) 등은 다같이 선행요건이란 관찰자의 사후적인 창작물이며 그런 의미에서 어떤 선행조건이란 것이 있다하더라도 이것들은 획일적인 것도 아니고 또 반드시 절대적인 것도 아니라는데 일치하고 있다.

거센크론에 의하면 선행요건 논의는 공업화 과정의 획일성을 전제로 하는 것이며, 선행요건의 의미는 소극적으로 보면 공업화를 가로 막고 있는 장애요인들이고 적극적으로는 공업화 이전에 갖추어야 할 여건들을 뜻한다. 예를 들면 자본축적, 경제적·정치적 통일국가의 실현, 개인주의에 입각한 사유권의 확립, 기술의 축적, 농업생산의 증대, 기업능력, 길드(guild)체제의 붕괴, 시장의 확보 등이 흔히 열거되어 있다. 만일 이러한 요건들이 모두 충족되어야만 공업화가 가능하다면, 이는 후진국에게 공업화가 불가능하다고 실망시키는 얘기가 될 것이다.

그러나 공업화를 역사적으로 관찰할 때 선행요건이란 특정시간·특정장소에서만 의미를 가지는 것이며, 이 경우에도 이들 선행요건들이 충족되지 않았다고 해서 공업화에 크게 영향을 미친 근거는 없다. 공업화 과정과 선행요건의 관계를 역사적인 측면에서 요약하면, ①뒤늦게 공업화를 시작한 나라일수록 선진국의 공업화 과정에서 선행요건으로 이해되는 것들이 이미 선행요건이 아니거나 별로 중요한 역할을 하지 않으며, ②선행요건이 결핍될 경우에는 그 대체가 가능하며(예컨대 원시축적은 외자도입으로, 기술부족은 인력수입으로), ③선진국 공업화 과정에서의 선행요건들이 현재는 공업화의 결과로 이해되는 경우가 많으며, ④뒤늦게 공업화에 들어가는 나라일수록 선행요건의 충족과 공업화 약진이 동시적으로 일어나서 준비단계가 생략되고 있다.

이와 같은 거센크론의 주장에 동조하는 허쉬만은 개발도상국에 있어서는 공업화를 위해서 해결해야 할 애로들이 너무나 많기 때문에 공업화가 불가능한 것처럼 보이지만, 이를 다른 쪽에서 보면 일단 공업화가 시동되기만 하면 이러한 애로들이 모두 공업화 촉진요인으로 가세될 수 있음을 의미한다고 주장한다. 한 나라의 공업화 과정에서 장애요인(또는 선행요건)으로 생각되는 것이 다른 나라에 있어서는 전혀 장애요인이 아니거나 또는 오히려 개발촉진요인으로 작용할 수 있다고 한다.

이에 한걸음 더 나아가 바란은 선행요건 논의는 마치 산업자본주의가 없기 때문에 산업자본가가 없다고 말하는 것과 같은 동의론(Tautology)에 불과하고 한다. 예를 들면 기업능력(Entrepreneurship)이 없는 것은 기업을 해본 경험이 없기 때문이지 기업능력이 하늘에서 먼저 떨어진 다음에 기업을 하게 되는 것은 아니라는 것이다.

(2) 거센크론의 약진

거센크론은 그의 많은 논문과 저서를 통하여 영국·프랑스·독일·이탈리아·러시아·불가리아 등 유럽 제국의 공업화 과정을 분석하였는데, 특히 그의 관심은 공업화에 진입하는 시기의 선후에 따라 또 후진도의 차이에 따라 공업화의 양태가 어떻게 다르게 나타나는가에 집중되었다.

그는 로스토우의 발전단계설은 부정하지만 공업화는 으레 약진적 형태로 일어난다고 주장함으로써 공업화 과정을 단속적 과정으로 파악하고 있다. 그러나 그의 공업화 약진(industrialization spurt)은 로스토우의 경우처럼 모든 여건에 획일적으로 설명되지 않고, 상대적 후진성 또는 공업화에 착수하는 시기에 따라 각각 다른 형태로 나타난다.

그의 발전사관은 본질적으로 토인비(A. Toynbee)의 도전과 응전(應戰, Challenge and Response)의 논리에 뿌리를 두고 있다. 즉 공업화 촉진요인과 장애요인의 공존은 후진성의 본질이며, 이 두 개의 상반되는 세력은 계속 그 힘을 축적하여 감으로써 공업화의 약진이 가까워 올수록 이들 간의 마찰과 긴장은 커진다. 후진도가 깊을수록 또 뒤늦게 공업화에 진입하는 나라일수록 이 마찰과 긴장의 강도에 비례하므로 후진도가 깊은 나라일수록 그리고 뒤늦게 공업화에 진입하는 나라일수록 공업화 약진은 더욱 폭발적인 힘으로 일어난다.

그러나 문제는 과연 언제 어떻게 공업화 약진에 점화시킬 수 있느냐 하는 것이다. 공업화의 촉진요인과 장애요인간의 긴장이 축적된다는 것은 바로 약진에 들어갈 시기가 가까이 왔음을 뜻하고 또 그 가능성이 성숙했음을 의미하는 것이지만, 그렇다고 그 나라가 반드시 약진에 들어감을 보장하는 것은 아니다.

약진의 가능성을 현실화하기 위해서는 공업화 촉진요인을 강력히 축적하여야 하며 그런 다음에 관건이 되는 것은 약진의 가능성을 현실화시키는 기회를 놓치지 말고 잘 포착하는 것이다. 공업화의 기회는 늘 오는 것이 아니기 때문에 한번 놓치면 10년 또는 경우에 따라 수십 년을 기다려야 하는 경우가 있다.

그러면 여기서 말하는 기회란 무엇을 의미하는가. 후진국의 공업화는 부분적인 추진력으로는 성공하기 어려우며 전 전선에서의 동시적 대약진을 통해서만 가능하다. 그 이유는 공업화를 가로막는 힘이 너무 크기 때문에 이를 이기기 위해서도 그렇고 산업의 연관성과 보완성(Complementary), 그리고 투자의 불가분성(Indivisibility) 때문에도 그렇다. 그런데 이러한 동시적 대약진을 위해서는 이를 시동시킬 수 있는 힘을 가진 '引火의 계기'가 필요하다.

이 계기는 예컨대 중요한 정치적 변혁, 국민적 통일, 행정개혁, 자본의 동원, 신시장의 출현 등을 들 수 있는데 이러한 계기를 잡을 수 있는데도 놓치는 경우 공업화 약진의 기회는 사라지는 것이다. 유럽의 공업화에 있어서 가장 지배적인 제약요인은 약진의 기회를 놓쳤다는데 있으며, 그 실례로 불가리아를 들 수 있다. 불가리아는 외자를 활용할 수 있는 기회가 왔는데도 이를 놓쳤으며 철도를 중심으로 한 투자시장이 열렸는데도 이를 놓쳐 공업화가 뒤지게 되었는데 이는 정부의 실책 때문이었다.

그러면 약진단계에서 경제는 어떻게 변모하는가.

① 공업화는 대규모 약진의 형태로 일어나고 공업부문이 높

은 성장을 나타낸다.

② 공업구조면에서는 소비재보다 생산재 특히 중공업이 급속히 발전한다.

③ 산업의 생산구조면에서는 여러 가지 형태로 집중화·대규모화 경향이 나타난다.

④ 뒤늦게 공업화에 들어가는 나라일수록 정부나 은행이 큰 역할을 수행한다. 후진도가 클수록 정부의 역할이 선행하고 공업화가 어느 정도 진전된 후에는 은행이 이를 이어받는다.

이러한 공업화약진이 구체적으로 어떤 형태로 나타나는가 하는 것은 그 나라의 상대적 후진도(Relative Backwardness)에 의해 결정된다. 즉 공업화 약진에 있어서 발전의 속도, 생산의 조직구조, 경제개발의 이념 등은 그 나라의 공업화약진의 시기가 역사적으로 빠른가 늦은가, 그리고 그 나라 경제의 후진성이 다른 나라보다 얼마나 깊은가에 따라 결정된다. 그러면 공업화 약진의 형태와 상대적 후진도와는 어떤 관계에 있는지를 보기로 하자.

① 후진도가 깊을수록 공업화 과정은 단속적이며 갑작스런 대약진(Sudden Great Spurt)의 형태로 일어난다.

② 후진도가 깊을수록 공업화 과정에서 기업의 집중과 생산공장의 대규모화가 촉진되고 그래서 공업화는 대기업 중심으로 이끌어 진다.

③ 후진도가 깊을수록 소비재보다 생산재에 우선을 둔다.

④ 후진도가 깊을수록 국민의 소비압력이 크다.

⑤ 후진도가 깊을수록 자본동원에 있어서 정부나 은행의 역할이 클 뿐 아니라 그 역할도 강제적이고 포괄적이다.

⑥ 후진도가 깊을수록 공업화에 있어서 농업의 역할은 소극적이다.

이상과 같은 거센크론의 주장을 로스토우와 비교하면 공업화가 단속적인 형태로 진행된다는 점과 도약(Take-off) 또는 약진(Spurt)을 위해서는 정치적 변혁이나 신자본, 새로운 기술, 새로운 시장, 새로운 자원 등 주로 외부적인 촉진적 계기가 있어야 한다는 점에서는 일치한다.

그러나 로스토우가 후진국의 발전과정을 획일적으로 단계화한 데 대해서 거센크론은 이를 부정하고 후진성의 심도에 따라 공업화 과정이 결정된다고 본 것은 큰 차이라고 하겠다. 거센크론이 본 유럽 여러 나라의 공업화 약진의 시기는 스웨덴과 독일이 1888-96년, 이탈리아가 1896-1908년, 일본이 1907-13년, 그리고 러시아가 1890년대이다.

제9장 경제개발론

1. 경제개발이론

경제발전이란 한 경제가 내생적 또는 외생적인 여러 가지 요인의 상호작용에 의해 자동적으로 발전되어 가는 과정을 말하는데 반하여, 경제개발이란 국민들의 경제적 후생이라는 가치판단 하에서 바람직한 상태를 설정하고 그러한 상태를 효율적으로 성취하기 위해 경제를 의식적·적극적으로 조정하고 개선해 나가는 과정을 말한다.

따라서 경제발전론은 주로 현재의 선진국들이 과거에서부터 어떠한 요인에 영향을 받아 어떠한 조정과정을 밟아가며 발전되어 왔는가를 연구하는데 반하여, 경제개발론은 주로 현재의 저개발국들이 어떤 정책과 수단을 사용하여 또 어떠한 방향으로 경제를 효율적으로 개발할 것인가를 연구한다. 그러므로 경제발전론은 경제발전에 관한 실증분석인데 반하여 경제개발론은 가치판단이 필요한 규범이론이다.

저개발국의 입장에서 본 경제개발이란 고질적인 빈곤의 악순환을 타파하고 산업의 공업화를 이룩함으로써 경제가 발전할 수 있는 여러 가지 계기를 계획적으로 조정하고 수립하는 것을 말한다. 저개발국들이 산업의 공동화를 외치는 것은 공업화가 경제발전에 불리한 여러 가지 장애물을 제거하고 나아가서 경제가 지속적으로 성장할 수 있는 기초와 계기를 가져다 줄 수 있기 때문이다.

한편 선진국들도 저개발국들의 경제개발에 지대한 관심을 가지고 있다. 왜냐하면 저개발국들이 지속적으로 개발되어야만 선진국의 자본·기술·공업제품 등이 저개발국으로 수출될 수 있고, 또 저개발국들이 발전되어야만 풍부한 원료공급과 상품시장이 형성될 수 있기 때문이다. 그러므로 저개발국들의 경제개발은 저개발국들에게 공업화와 자립경제의 기반을 마련해 주고, 선진국들에게는 투자와 수출의 기회를 제공하기 때문에 일반적으로 인류 전체의 경제적 후생을 한층 더 증대시켜 준다.

경제개발이란 저개발국의 공업화만을 의미하는 것이 아니라 경제·사회·문화·정치 등 모든 방면의 근대화를 의미하는 것이기 때문에 경제개발의 문제는 다방면의 문제를 취급하고 있다.

1) 균형성장론

한 나라의 경제개발은 모든 산업부문이 동시적·균형적으로 개발되어야만 비로소 가능하다고 주장하는 이론들을 균형성장이론(theory of balanced growth)이라고 한다. 균형성장론을 주장하는 학자로 넉시(R. Nurkse), 로젠스타인-로단(P. N. Rosenstein-Rodan), 루이스(A. Lewis) 등을 들 수 있다. 이들 중에서 가장 유명한 학자는 넉시인데, 넉시의 균형성장론을 간추려 보면 다음과 같다.

넉시는 저개발국의 경제발전을 저해하는 가장 큰 요소로서 고질적이고도 구조적인 빈곤의 악순환(vicious circle of poverty)을 들고 있다. 경제발전이란 바로 자본축적을 의미하는데, 저개발국에서는 수요·공급 양면의 애로 때문에 자본축적이 안되고 빈곤의 악순환만 되풀이하고 있다. 넉시가 말하는 공급측면의 애로는 ①저생산력→②저실질소득→③저저축능력→④저투자→⑤저생산력의 악순환을 말하고, 수요측면의 애로는 ①저실질소득→②저구매력→③저투자유인→④저투자→⑤저생산력→⑥저실질소득의 악순환을 말한다.

넉시는 이상과 같은 빈곤의 악순환을 단절하는 것이 저개발국의 경제개발이라고 정의하고 저개발국의 가장 큰 문제는 시장규모의 협소이며, 빈곤의 악순환을 타개하기 위해서는 시장규모를 확대해야 한다는 것이다. 소득수준이 낮기 때문에 구매력이 부족하다. 구매력이 부족하기 때문에 결국 시장규모가 작고, 따라서 투자유인이 적으며 투자가 잘 이루어지지 않는다. 구매력을 높이고 시장규모를 확대하기 위해서는 모든 산업을 동시적·균형적으로 개발하여 각 산업의 제품을 모든 산업이 상호적으로 구입하도록 하여야 한다는 것이다. 그래야만 수요측면의 악순환이 끊어질 수 있다. 이것이 수요측면에서의 악순환을 단절시키는 방법이다.

넉시는 또 공급측면에서의 악순환을 타개하기 위해 특히 농촌부문의 잠재실업을 해소함으로써 저축능력을 제고해야 한다고 한다. 인구과잉문제를 안고 있는 저개발국에서 일반적으로 대규모의 만성적 실업이 존재한는데, 그것은 농업부문에 마치 실업이 아닌 것처럼 잠재하고 있는 위장실업 또는 잠재실업이다. 위장실업 또는 잠재실업이란 노동의 한계생산물이 0이거나 0에 가까운 농촌의 잉여노동으로서, 사실상 실업상태에 있지만 표면적으로는 실업자로 노출되지 않는 경우를 말한다.

저개발국의 농업부문에는 이러한 잠재실업자가 대량으로 존재하고 있다. 농촌부문의 잠재실업자들은 사실상 생산의 증대를 가져오지도 못하면서 소비를 하여 농업부문이 저축할 수 있는 여력을 허물어 버린다는 것이다. 그러므로 넉시는 이러한 농업부문의 잠재실업자들을 농업부문에서 비농업부문으로 이동시킴으로써 농업부문의 저축능력을 확대하여야 한다는 것이다. 농업부문에서 저축할 능력이 확대되면 저축증대로 인하여 자본형성이 촉진된다는 것이다.

이상과 같이 넉시는 수요측면과 공급측면으로부터 모든 산업을 동시적·균형적으로 개발하여야만 경제발전이 가능하다는 균형성장이론을 제시하였다. 그런데 균형성장보다는 불균형성장을 시도함으로써 저개발국의 경제를 개발하여야 한다고 주장하는 학자들도 있다.

2) 불균형성장론

저개발국을 개발하기 위한 전략으로 모든 산업을 동시적·균형적으로 개발해야 한다고 하는 균형성장론을 비판하고, 한 나라의 주요 부문을 단계적으로 개발하는 불균형적 개발이 실효성이 있다고 주장하는 이론을 불균형성장론(theory of unbalanced growth)이라고 한다. 불균형성장론자 중에는 허쉬만(A. O. Hirschman), 스트리튼(P. Streeten) · 울프(C. Wolf) 등이 있다. 이 중에서 허쉬만이 가장 유명한 불균형성장론자라고 할 수 있다. 허쉬만의 불균형성장이론을 간추려 보면 다음과 같다.

허쉬만은 넉시의 균형성장론을 신랄하게 비판하고 있다. 허쉬만의 비판을 요약하면 ①균형성장론은 모든 생산요소의 공급능력이 무한하다는 것을 전제로 한다. 이것은 비현실적이다. 현실적으로 자원은 제한되어 있다. 또 만약 부족한 자원과 기술로 모든 산업을 동시적·균형적으로 개발하면 투자의 불가분성 때문에 투자가 불가능하게 되거나 규모의 경제에 미달하여 낭비가 있게 된다. ②

균형성장론은 투자의 우선순위가 모든 산업에 대하여 똑 같은 경우에 타당하다. 그러나 모든 산업의 투자순위는 각각 다르다. ③저개발국에서는 모든 산업을 동시적으로 개발할 만한 자금, 기업가적 능력, 관리능력이 부족하다.

그러므로 허쉬만은 저개발국들의 희소자원을 불균형적이지만, 가장 효과적이라고 생각되는 한 부문에 집중적으로 투입하면 하나의 근대적 산업이 수립되고, 그것은 또 다른 근대적 개발에 자동적으로 전파되는 효과를 나타낸다고 한다. 불균형적이지만 가장 효율적이라고 생각되는 한 부문에 집중적으로 희소자원을 투입한 결과 하나의 근대산업이 수립되면 그 근대산업에 투입물을 공급하는 산업들이 발전될 수 있고, 또 그 근대산업의 생산물을 이용하는 다른 산업들이 발전될 수 있다.

새로운 근대산업의 수립 때문에 그 산업에 투입물을 공급하는 산업들의 설립과 성장이 유발되는 효과를 후방연관효과(backward linkage effect)라 하고, 새로 수립된 근대산업의 생산물을 사용하는 다른 산업들의 성과 투자를 유발하는 효과를 전방연관효과(forward linkage effect)라고 한다. 이 두 효과는 모두 산업들간의 불균형을 상호 보완하는 것이기 때문에 이 두 효과를 합하여 보완효과(complementary effect) 라고 한다.

그래서 허쉬만은 전후방연관효과의 크기에 따라 투자우선순위를 정하고, 이 우선순위에 따라 선별적으로 투자해야 한다고 주장한다. 그런데 허쉬만에 의하면 저개발국의 개발에는 전방연관효과보다 후방연관효과가 더 중요하다고 한다. 따라서 허쉬만의 불균형성장론은 농업보다도 후방연관효과가 훨씬 더 큰 공업부문을 우선적으로 개발해야 한다는 것이다. 대체로 농업·목축업·수산업 등에 비해 공업부문의 후방연관효과가 더 크다.

그러면 균형성장론과 불균형성장론 중에서 어느 쪽이 더 현실적일까? 그것은 그 나라의 경제사정에 따라 다르다. 만약 한 나라의 자원이 풍부하고 내수의존국이라면 균형성장론이 더 설득력을 갖고, 또 만약 자원은 빈약하고 수출의존국이라면 불균형성장론이 더 설득력을 갖는다.

3) 프랑켈의 사회개발론

저개발국의 경제개발문제는 순수하게 경제적으로만 다룰 수 없고 정치적·사회적인 제요인들의 개선문제와 함께 다루어져야 한다는 이론을 사회개발이론(sociological theory of development)이라 한다. 사회개발이론의 대표적인 학자는 프랑켈(S. H. Frankel)이다.

경제개발이란 일련의 사회적·경제적·정치적 구조의 재편성 과정이라고 프랑켈은 파악한다. 즉 경제개발은 외부로부터의 경제적 충격이 가해짐으로써 과거의 전통적·경제사회적 관계가 파괴되고, 새로운 안정적인 경제사회체계가 형성되는 해체와 재조정의 과정이라는 것이다. 그러므로 경제적으로 뿐만 아니라 정치적·사회적으로 재편성이 빨리 이루어질수록 경제개발이 빨리 일어날 수 있다는 것이 프랑켈의 사회개발이론이다.

4) 민트의 잉여분출이론

민트(H. Myint)는 저개발국에 있는 잉여노동을 효율적으로 이용함으로써 수출품을 생산하여 해외시장에 수출하는 것이 저개발국에 이익을 가져다 준다는 잉여분출이론(vent-for-surplus theory)을 주장하였다. 민트는 저개발국은 경공업제품의 가공수출로부터 점차 자본재생산의 단계로 나아가는 공업화전략을 수립할 것을 권장하고 있다. 민트의 이론은 1960년대 후반 이후 적극적인 수출지향공업화를 추진해 온 한국, 대만, 싱가폴 등 소위 신흥공업국(NICs)들의 공업화전략과 그 맥락을 같이한다.

5) 경제개발전략의 기본문제

경제개발전략의 추진과정에서 여러 가지 문제가 발생하는데, 기본문제를 간추려 보면 다음과 같다.

(1) 수입대체공업화

저개발국이 공업화를 추진함으로써 경제개발을 이룩하려 할 때 수입대체형 공업화를 지향하는 전략을 생각해 볼 수 있다. 특히 넉시에 따르면 ①저개발국이 해외시장을 대상으로 하면 선진국의 통상정책(또는 보호무역정책)의 장벽에 부딪치게 될 것이므로, ②저개발국은 국내시장을 위주로 수입대체형 공업화를 추진시켜야 한다. ③수입대체형 공업화가 성공하려면 이를 뒷받침할 수 있는 규모의 국내시장이 존재하여야 한다. ④국내시장을 확대시키려면 한 경제에서 낙후된 농업부문의 농가소득을 향상시켜야 하므로 농공병진정책을 써야 한다.

(2) 수출지향형 공업화

국내시장의 규모가 작을 뿐만 아니라 풍부하고 우수한 인력을 보유하고 있는 국가에서는 수출을 통하여 이른바 수출지향형 공업화전략을 수립하는 것이 보통이다. 1960년대 말부터 한국, 대만, 싱가폴을 비롯하여 아시아신흥공업국(NICs: Newly Industrializing countries)들은 수출지향형 공업화 전략으로 고도성장을 달성하였다.

수출지향형 공업화 전략을 계속 추진하다보면 GDP에서 차지하는 수출의 비중을 보여주는 수출의존도가 지나치게 높아질 가능성이 있다. 수출의존도가 지나치게 높아지면 자칫 선진국의 보호무역주의 장벽에 부딪쳐 어려움을 당할 위험성도 있다. 또 한 가지 지적해 둘 것은 수출지향형 공업화를 추진하다 보면 경제가 발전함에 따라 농업의 비중이 낮아지고 그 대신 공업의 비중이 지나치게 높아질 수 있다는 것이다.

(3) 경제계획의 목표설정

자본주의적 경제계획을 흔히 지시적 경제계획(indicative economic planning)이라고 부른다. 지시적 경제계획이란 정부의 강제성과 관료의 지배력을 될 수 있는 한 작게 하고 민간의 분권적 의사결정을 될 수 있는 한 크게 하려는 경제계획을 말한다. 지방자치제의 실시와 함께 중앙정부의 권한은 대폭 지방정부로 이양되게 되는데, 그 지방의 여론도 존중되어야 할 것이다. 우리나라의 과거 경제개발 5개년 계획은 지시적 경제계획의 한 좋은 예이다.

경제계획의 목표설정에 있어서 발전의 속도, 국민경제의 안정, 소득분배의 공평성, 경제의 민주화 등을 어떻게 조화시키는가가 매우 중요하다. 노벨경제학상 수상자 프리시(R. Frisch)는 빈곤의 악순환으로부터 벗어나려면 고도성장을 이룩하여야 하는데, 고도성장을 달성하다 보면 물가문제, 소득분배 등의 여러 가지 사회적 문제가 야기될 수 있다고 한다.

성장을 경제정책의 최우선 과제로 삼을 것인가, 아니면 소득분배의 공평성과 경제의 민주화를 최우선 목표로 삼을 것인가의 문제가 있다. 거센크론(A. Gerschenkron)은 후진국이 선진국을 따라 잡겠다는 이른바 따라잡기 가설(catch-up hypothesis)을 주장한 바 있다. 뮈르달(G. Myrdal)은 이러한 따라잡기 가설을 일명 후발국의 국민통합목표라고 하였다. 후진국들은 빈곤의 악순환에서 탈

피하기 위하여 따라잡기를 국민적 합의로서 추진한다. 결국 저개발국의 발전은 스스로 발전하려는 의지와 국민적 합의에 의해서 결정된다고 할 수 있다. 국민적 합의에 의하여 무엇보다도 경제성장을 최우선 목표로 삼는다면 고도성장이 달성될 수 있을 것이고, 소득분배의 공평성 및 국민경제의 안정성을 최우선 목표로 삼는다면 성장의 속도는 다소 조정되어야 할 것이다.

2. 국제무역과 경제개발

1) 프레비시의 개발이론

프레비시(R. Prebisch)는 저개발국이 기술산업보다 1차산품에 특화하는 경우 교역조건의 악화 때문에 후진국상태에서 벗어날 수 없다고 주장하면서 다음과 같은 이론을 제시하였다.

역사적으로 볼 때 기술진보의 파급은 불균등하기 때문에 세계경제는 기술이 발달한 공업적 중심(center)과 1차산품을 생산하는 주변(periphery)으로 크게 분할된다. 1차산품의 수요에는 한계가 있으므로 소득증가에 따른 수요증가가 낮지만, 공업제품은 소득증가에 따라 수요가 크게 확대되기 때문에 중심국가와 주변국가간의 소득격차가 생긴다. 다시 말해서 1차산품의 소득탄력성은 낮고, 공업제품의 소득탄력성은 높다. 이처럼 1차산품과 공업제품간에는 소득탄력성의 차이가 존재하기 때문에 만약 중심국가와 주변국가가 국제무역을 할 경우 1차산품 수출국은 계속적으로 무역수지 적자를 기록하게 된다는 것이다. 프레비시는 이러한 구조적인 문제를 시정하기 위하여 다음과 같은 3개 항을 제시하고 있다. ①공산품을 수출함으로써 많은 소득을 올리고 있는 중심국들은 주변국들이 수출하는 1차산품에 대해 안정적인 수요와 가격을 보장해 주어야 한다. 주변국들은 이렇게 해서 얻어진 안정적 소득으로 공업화 정책을 추진하여야 한다. ②중심국들은 주변국들에게 기술 및 자금을 유리한 조건으로 공급해 주어야 한다. ③중심국들은 주변국들에 대해 관세장벽을 철폐하여야 한다. 이렇게 함으로써 중심국들은 주변국들의 공업화를 촉진하여야만 인류 전체의 경제적 후생을 함께 증진시킬 수 있다는 것이 프레비시의 이론이다.

2) 래리의 수출지향공업화론

수출지향 공업화론의 제창자인 래리(H. B. Lary)는 저개발국이 공업화를 시작함에 있어, 처음부터 협소한 국내시장에 구애됨이 없이 국제경쟁에서 이길 수 있도록 대규모 공장을 설립한 후 여기서 생산된 공산품의 수출에 주력하는 수출지향적 개발전략을 수립할 것을 주장한다. 개발의 초창기부터 수출지향적인 공업화를 추진함으로써 소득증대나 외화획득 등 직접적인 무역이익 뿐만 아니라 공산품의 수출노력을 통하여 기술진보와 인적자원의 질적 개선을 가져올 수 있다는 것이다.

수출지향적 공업화는 해외시장을 추가함으로써 협소한 국내시장의 제약을 극복하고, 따라서 규모의 경제를 실현하게 할 수 있다. 또 수출지향적 공업화 정책은 국제시장과의 경쟁 때문에 제품의 질적 개선, 경영합리화, 기업가적 소질을 향상시키는 장점을 가지고 있다.

3) 외자도입과 자본축적

저개발국의 경우 근본적으로 저소득수준 때문에 국내 저축이 적고, 따라서 자본형성의 재원이 적다. 그러면 외자도입은 저개발국의 경제발전에 항상 유익한가? 이에 대해서는 외자낙관론과 외자비관론이 있다. 외자도입에 대한 종합적인 평가를 일률적으로 내릴 수는 없으며, 각국이 처한 경제상황과 외자도입의 여건에 따라 결론이 달라질 수 있다.

(1) 외자낙관론

허쉬만(A. O. Hirschman) · 프랑켈(H. Frankel) · 볼(R. J. Ball) · 캠프(M. C. Kemp) 등에 의하여 다음의 외자낙관론이 전개되고 있다. 이들의 주장은 한마디로 외자가 외자수출국보다 외자도입국에 더 많은 이익을 주기 때문에 저개발국 경제개발에 외자도입은 긍정적인 효과를 미친다는 것이다.

프랑켈에 의하면 자본이 부족한 저개발국은 외자를 도입함으로써 부족한 투자재원을 마련할 수 있을 뿐만 아니라 외자도입을 통하여 기술향상·노동의 질적 향상까지 기할 수 있기 때문에 외자도입은 분명히 저개발국에 이익을 가져다준다고 한다. 허쉬만은 저개발국이 경제개발을 착수할 때 외자도입은 기술향상과 혁신적 투자의 촉진제 역할을 한다고 주장한다.

한편 볼은 저개발국에서 사용하는 자본의 한계생산성은 국제금리보다 높기 때문에 외자도입국은 결국 이익을 본다고 한다. 캠프에 의하면 외자를 도입한 저개발국들은 외자도입으로 국제경쟁력을 높일 수 있고, 따라서 국제무역에서 이익을 볼 수 있다고 한다.

(2) 외자비관론

외자도입이 당장 외자도입국의 소득을 증진시킨다고 하더라도, 장기적으로 보면 외자도입국에 결국 불리한 영향을 미친다는 외자비관론을 펴는 학자로 싱거(H. Singer)·그리핀(K. Griffin)·넉시(R. Nurkse) 등을 들 수 있다.

외자비관론자인 싱거의 견해를 간추려 보면 다음과 같다. 일반적으로 외자는 저개발국의 자원산업(1차산업)에 집중되기 때문에 자본수출국은 ①외자를 저개발국에 수출하고 원료를 확보하여 자기 나라의 공업화에 특화할 수 있으며, ②공산품의 소득탄력성과 생산탄력성이 저개발국의 1차산품보다 훨씬 크기 때문에 국제무역으로 인하여 저개발국은 손해를 보며, ③공산품의 교역조건은 1차산품에 비해 상대적으로 급속히 상승하므로 외자수출국은 결국 이익을 얻고 외자도입국은 손해를 본다.

반면 외자도입 저개발국은 ①기술부족으로 원시산업에 특화하도록 강요당할 수 있고, ②저개발국들은 외자도입으로 원료 및 1차산품에 특화함으로써 1차산품을 전량 수출하기 때문에 수출로 경제발전이 이루어지지 않고 오히려 경제는 이중구조화 되면, ③1차산품의 생산탄력성과 소득탄력성은 공산품에 비해 상대적으로 낮고, ④1차산품을 수출하는 저개발국의 교역조건은 점점 악화되기 때문에 저개발국은 장기적으로 손실을 본다. 이 때문에 외자도입은 외자도입국에 불리하다는 것이다.

상기의 견해는 대부분의 외자가 공업부문에 투자되고 있는 나라에게는 타당하지 않다. 외자가 공업부문에 투자되지 않고 원시산업에 투자될 때에만 싱거의 견해가 타당할 것이다. 한국과 같이 투자기회가 많고 또 자본의 한계생산성도 비교적 높은 나라에서는 외자를 공업부문에 투자하고 있기 때문에 싱거의 견해는 설득력이 없다.

찾아보기

(ㄴ)

(ㄷ)

(ㄹ)

(ㅊ)

(ㅋ)

(ㅌ)